Tristan Gaston-Breton

La saga Cap Gemini

L'incroyable histoire de l'une des plus belles
« success stories » françaises de l'informatique

Préface Valéry Giscard d'Estaing

Editions Point de Mire
Collection « SAGA LES NOUVEAUX AVENTURIERS DE L'ENTREPRISE »

© Editions Point de Mire
4 rue Chauveau-Lagarde, 75008 Paris (France)
Tel. 01 53 30 09 64   Fax. 01 42 66 47 57

Dépôt légal : décembre 1999
Tous droits réservés

ISBN N° 2 914090-00-5

Achevé d'imprimer en décembre 1999

« Nous ne craignons rien de ce que craignent la plupart des sociétés françaises. Nous n'avons pas peur de nous battre, nous n'avons pas peur de prendre des risques, nous n'avons pas peur de gagner de l'argent. Rien de tout cela n'est très extraordinaire. Ce qui l'est en revanche, et qui continue de me surprendre, c'est que tout le monde n'en fasse pas autant. »

Serge Kampf.
International Management, octobre 1986.

Préface

Les Français connaissent mal l'histoire des succès de leurs entreprises. Cela tient sans doute à plusieurs causes. La politique a longtemps éclipsé l'économie. Les personnages connus étaient ceux qui se manifestaient sur la scène politique et qui, pour réussir, étaient obligés d'attirer l'attention sur eux. De plus, l'histoire du XXe siècle est riche en événements, deux guerres mondiales, une occupation de notre territoire, la décolonisation, le changement de République, les premiers balbutiements de l'Europe, qui ont accaparé l'attention de l'opinion publique. Si on y ajoute l'apparition des grands médias qui ont braqué leurs projecteurs sur les artistes et les vedettes sportives, il ne restait plus qu'une toute petite place pour les réussites d'entreprises !

C'est pourquoi l'idée de raconter la vie et les actions des « aventuriers de l'entreprise » comble un vide, en permettant aux lecteurs d'avoir une vue plus équilibrée de ceux qui façonnent l'avenir de notre pays. Ceux des dirigeants d'entreprises qui ont imaginé, créé ou transformé les outils de notre développement, figurent au nombre des artisans de notre futur.

Et je suis heureux que le rideau se lève pour montrer, comme première scène, l'éblouissante trajectoire de la petite lumière, de la petite ampoule qui éclairait un « deux-pièces cuisine » à Grenoble en 1967, et qui, en trente ans, s'est transformée en comète : la naissance et la croissance de Cap Gemini Sogeti, premier groupe de service et de conseil informatique en Europe.

Cap Gemini est l'œuvre d'un homme, ou plus exactement d'un homme capable d'en faire travailler quarante mille autres ! Car la machine-outil de Cap Gemini, c'est le cerveau humain. Cet homme, c'est mon ami Serge Kampf.

Je l'ai rencontré au début de la décennie 1980, à un moment où les nouveaux loisirs qui m'étaient offerts me donnaient l'envie de combler une de mes lacunes, celle de la connaissance de la vie concrète des entreprises. Quelques-uns de mes amis, anciens camarades de l'Ecole polytechnique, qui faisaient carrière dans l'entreprise, avaient pris l'habitude de se réunir pour échanger leurs expériences. Ils m'ont proposé d'y apporter l'éclairage de la vie publique. Eux-mêmes y apportaient le savoir qui leur permettait de conduire des carrière brillantes, et même éclatantes, dans des domaines variés : l'assurance, l'industrie pharmaceutique, le conseil en entreprises. Certains d'entre eux connaissaient Serge Kampf, dont la notoriété avait déjà percé. Ils l'ont invité à rejoindre notre petit groupe, auquel il s'est tout de suite intégré et dont il est vite devenu, pour employer le vocabulaire de son sport favori, un pilier.

Nos rencontres nous ont fait découvrir un abîme dans nos connaissances : nous ne savions presque rien de l'informatique. Quinze ans plus tôt, j'avais participé à un stage d'initiation de deux jours dans le Centre de recherches d'IBM à Valbonne, en compagnie de Gaston Defferre et de Jean-Jacques Servan-Schreiber. J'en avais retenu l'existence d'un langage informatique, le Fortran, et mon savoir en était resté là. Nous avons demandé à Serge Kampf s'il accepterait de nous faire pénétrer dans les mystères de l'informatique. Et avec sa spontanéité chaleureuse, il a mis sur pied deux séminaires pour nous, l'un en juillet 1984 au Club 13 à Deauville, le second en février 1985, à l'hôtel de l'Aigle noir, à Fontainebleau, que je m'étais permis de suggérer.

C'étaient des séminaires au sens propre : nous habitions sur place, et nous prenions nos repas ensemble, les six séminaristes, dont Claude Bébéar et Jean-René Fourtou, et les quatre formateurs, conduits par Serge Kampf et Philippe Dreyfus. Nous sommes partis des éléments de base, de l'algèbre de Boole, en passant par les circuits et les digits. Notre manie de vouloir comprendre a trouvé très vite ses limites, mais nous avons franchi cependant la porte interdite, celle à partir de laquelle on comprend ce dont on vous parle, même si l'on n'est pas encore capable de conduire le raisonnement soi-même. Serge Kampf nous a permis de savoir exactement où s'arrêtait notre savoir. Nous étions devenus des initiés qui ne connaîtraient jamais la prêtrise.

*

Dans l'extraordinaire réussite de Cap Gemini, il me semble qu'existent deux ingrédients particuliers.

Le premier, c'est qu'en dépit de la croissance exponentielle de ses moyens financiers et humains, la société s'est toujours refusée à sortir de son domaine de compétence, qui est le conseil en management et la gestion informatique des entreprises. J'ai compris que c'était, pour Serge Kampf, un principe fondamental, et une ligne directrice de son succès.

Lorsque, un soir d'octobre 1997, Cap Gemini Sogeti a célébré, au Carrousel du Louvre, le trentième anniversaire de sa création, j'ai profité de la circonstance pour poser à Serge Kampf une question qui me tourmentait. Nous assistions à cette époque à l'extraordinaire succès d'entreprises qui, telle Microsoft, produisaient des logiciels. « Pourquoi, ai-je demandé à Serge Kampf, pourquoi n'essayez-vous pas d'entrer sur ce marché, qui paraît formidablement porteur ? »

Il m'a répondu de cet air bourru qu'il affecte lorsqu'une question lui paraît inutile, voire dépourvue de bon sens, mais dont il ne faut pas se formaliser, car cet air recouvre, en fait, son immense générosité de cœur : « ce n'est pas notre métier. Nous ne saurions pas le faire. » Et il a complété sa réponse en me détaillant les motifs pour lesquels il lui paraissait très difficile, sinon impossible, de lancer sur le marché mondial un logiciel de large diffusion proposée par une entreprise française. Ce qui démontrait qu'il avait longuement réfléchi au problème, que ce n'était ni par hasard, ni par erreur, qu'il avait tenu son entreprise à l'écart de ce marché.

L'autre ingrédient, c'est l'implication personnelle du chef d'entreprise, une implication profonde dans laquelle il apporte sa vision, son enthousiasme, son énergie vitale et aussi sa capacité d'écouter, d'entraîner et de convaincre. Cap Gemini Sogeti a traversé trois fois des passes difficiles : en 1975-1976 quand il a fallu à la petite société de l'époque digérer les acquisitions importantes qu'elle venait de faire (le Cap et Gemini) ; en 1981 quand le nouveau pouvoir socialiste a créé des difficultés aux sociétés de services informatiques qu'il confondait avec les sociétés d'intérim ; au début des années 1990 enfin, lorsque le marché s'est retourné sous l'effet de la dépression économique, et que les grands constructeurs américains d'ordinateurs ont voulu développer leurs activités de service pour compenser la moindre croissance de leurs activités traditionnelles.

L'intérêt de ce livre est de faire connaître au grand public l'extraordinaire complexité des décisions à prendre, la tyrannie des échéances du calendrier, les effets de la brusque irruption des renversements de conjoncture, l'importance du rôle des hommes et des relations qu'ils entretiennent entre eux. Pour faire face à ces tempêtes, la grande entreprise a besoin d'un navigateur maître de lui, réfléchi, parfois secret sur ses desseins, bon connaisseur des techniques de son entreprise, afin de ne pas se trouver en situation d'infériorité vis-à-vis de ses cadres, mais davantage stratège que tacticien. Il doit disposer des deux traits de caractère que privilégie Machiavel dans l'homme d'action : être calme et prompt dans ses décisions. Le lecteur sera vite persuadé que si la barre n'avait pas été tenue d'une main aussi ferme, le navire Cap Gemini aurait eu peu de chances de se retrouver intact de l'autre côté des récifs qui ont jalonné sa route.

*

Ce livre raconte une saga du succès. C'est une excellente règle de vie pour un peuple que d'aimer le succès : le succès artistique et le succès sportif, sans aucun doute, mais aussi le succès économique. La culture du dénigrement, qui prévaut souvent dans notre pays, ne fait que rancir les rapports sociaux et décourage la volonté d'entreprendre. Il y a longtemps que l'on sait que le succès appelle le succès, et que l'admiration du succès des autres pousse aux initiatives personnelles.

Puisse le récit de ce remarquable succès faire en sorte qu'il ne reste pas exceptionnel, et que la brillante trajectoire de cette comète en entraîne d'autres, beaucoup d'autres, dans son sillage.

V. GISCARD d'ESTAING

Introduction

« Cap Gemini est l'une des plus belles success stories françaises de ces cinquante dernières années »... Ce jugement en forme de compliment, émanant d'un très bon connaisseur du monde des affaires qui fut aussi, un temps, l'un des grands banquiers de la place de Paris[1] se passe de commentaires. Dans le « top 40 » des grandes entreprises françaises, le groupe Cap Gemini occupe assurément une place à part. Sa jeunesse, son exceptionnelle croissance, le poids qu'il a acquis au sein des services informatiques sans parler de la personnalité de son fondateur, Serge Kampf, le classent sans discussion possible parmi les très grandes réussites industrielles françaises de ces dernières décennies au même titre – certains font la comparaison, en partie justifiée seulement – que LVMH ou encore le groupe Pinault...

Quelques chiffres pour en juger : en 1967, l'année de sa création, Cap Gemini – qui, à ce moment et pour quelque temps encore, s'appelle Sogeti – réalise un chiffre d'affaires de 1,5 million de francs, soit un peu plus de 6 millions de nos francs actuels. Trente ans plus tard, ce même chiffre d'affaires est de 20 milliards de francs, soit un coefficient multiplicateur de plus de 3 000 en 30 ans ! Dans le même temps, l'effectif de l'entreprise passe de 22 personnes à plus de 28 000 salariés ! Croissance impressionnante, de l'ordre de 30 % par an en moyenne et qui voit la petite société, née à Grenoble dans un deux-pièces cuisine, se hisser au cinquième rang mondial des services informatiques derrière des sociétés aussi prestigieuses – et toutes américaines – qu'IBM, EDS, Computer Sciences Corporation et Arthur Andersen... Trente années de croissance menée à marche forcée et qu'aucune des crises qui sont venues secouer la planète capitaliste de-

---

1. Il s'agit de Gérard Worms, président de Suez de 1990 à 1995. Comme en écho, Cap Gemini a été désigné en juin 1999 « Entreprise européenne de l'année » par la Fédération européenne de la presse économique.

puis 1973 n'est parvenue à entamer durablement. L'apogée avant la stabilisation ? Tout indique au contraire qu'à l'heure d'entrer de plain-pied dans le IIIe millénaire, Cap Gemini s'apprête à atteindre la barre hautement symbolique des 30 milliards de francs !

Les raisons de ce succès ? Elles sont nombreuses. Le marché, celui du service informatique, et plus largement celui de l'informatique en général, y est sans conteste pour beaucoup qui, au cours des trente dernières années et à l'exception de quelques « coups de déprime » vite surmontés, n'a cessé de progresser. Né à l'époque où la société française commençait à s'équiper massivement en ordinateurs, Cap Gemini a connu ainsi, successivement l'âge d'or du « hardware », le boom du « software », l'essor de l'informatique répartie, l'explosion de la micro-informatique et enfin l'avènement du Web sans compter, beaucoup plus près de nous, ces deux accélérateurs de croissance – ces « moteurs auxiliaires » pour reprendre l'expression de Serge Kampf dans l'un des derniers rapports annuels du groupe – qu'ont été et que sont encore l'Euro et le passage à l'an 2000. Il est assurément des circonstances qui aident et des environnements plus porteurs que d'autres...

Mais le marché, pour important qu'il soit, n'explique pas tout. Il n'explique pas, par exemple, pourquoi Cap Gemini, dernier arrivé ou peu s'en faut sur le marché du service informatique en France, est parvenu à distancer tous ses concurrents, pourtant plus anciens, plus prestigieux que lui et pareillement favorisés par le contexte, et à se hisser, en moins de dix années, au premier rang des SSII françaises. Il n'explique pas non plus pourquoi il a fallu à nouveau moins de dix ans pour que l'entreprise passe du leadership français au leadership européen, là encore contre un bon millier au moins de concurrents, avant de s'imposer très vite comme l'un des grands mondiaux de son secteur. Dans la réussite de Cap Gemini, le marché n'est en fait qu'un élément d'explication parmi d'autres. Pour en comprendre les ressorts, il faut faire intervenir autre chose, faire appel à une alchimie très particulière constituée d'un ensemble de recettes maison et d'intuitions géniales grâce auxquelles l'entreprise a su, plus vite et mieux que d'autres, tirer pleinement parti des opportunités que lui offrait son environnement.

Alchimie ? Dans le cas qui nous intéresse, elle peut se résumer en un seul mot : *industrialisation*. Lorsqu'elle se lance en 1967, dans le métier du service informatique, la « petite » Sogeti met en effet les pieds sur un marché très atomisé : rien qu'en France, un demi-millier d'entreprises au moins se partagent la manne du service informatique. A l'échelle de l'Europe, elles sont cinq à six fois plus nombreuses. Un patchwork de compétences, de spécialités et de savoir-faire étonnamment diversifiés d'où émergent quelques grands noms mais qu'unissent une même philosophie et une même conception du métier. Pour les SSII d'alors, ce qui compte c'est, avant toute chose, la technique. L'amour du bel ouvrage, du projet parfaitement conçu et parfaitement exécuté, l'emporte sur toute autre considération. Au point, bien souvent, de tenir lieu de seule stratégie industrielle.

A l'opposé de cette vision « noble » du métier, qui tient beaucoup aux circonstances du moment et à l'état du marché de l'informatique, Cap Gemini, ou plutôt Sogeti, innove radicalement. Se plaçant résolument dans une optique de conquête du marché, l'entreprise, dès sa création, fait œuvre de pionnier en appliquant quelques recettes inédites qui, dans les premiers temps du moins, paraissent largement incongrues à ses consœurs : priorité donnée au commercial sur la technique, définition d'objectifs à tous les niveaux, utilisation du capital comme outil de développement à part entière, importance donnée à l'organisation… D'une activité encore très artisanale à bien des égards, Cap Gemini parvient finalement à faire un véritable « business », doté de règles et d'une méthodologie dignes des plus grandes entreprises.

C'est grâce à elles que la dernière née des SSII françaises impose finalement son leadership à l'ensemble du secteur.

Mais le succès de l'entreprise doit aussi beaucoup à son fondateur, Serge Kampf. Etonnant paradoxe que ce grand patron, créateur d'un groupe international prestigieux et dont le grand public ignore pourtant tout ou presque. C'est à peine si les lecteurs de *Challenge* ou de *Capital* savent que Serge Kampf figure au club très restreint des milliardaires et qu'il est, de longue date, un fidèle supporter du XV de France... La différence avec un François Pinault ou un Bernard Arnault, dont tout le monde a peu ou prou entendu parler et dont les portraits s'affichent régulièrement à la une de magazines aussi réputés que *Le Point* ou *L'Express*, est de ce point de vue criante... La discrétion de l'homme tout comme la nature des activités de l'entreprise sont sans doute pour beaucoup dans ce déficit de notoriété. Seul grand entrepreneur que la France ait « produit » à ce jour dans le domaine informatique, ce « *Sylvain Floirat du software* » (comme le surnommait joliment, en 1971, un journaliste d'*Electronique Actualités* par référence au bouillant industriel de l'aéronautique qui, dans les années 50, s'était fait remarquer en reprenant les avions Bréguet) n'en est pas moins un authentique « self made man » à l'américaine dont un journaliste d'*International Management* se demandait, au milieu des années 80, ce qu'il pouvait bien faire en France !

A la tête de Cap Gemini, Serge Kampf, assurément, a transformé le monde du service informatique tel qu'on le concevait dans les années 60, bâtissant en moins d'une génération l'un des plus beaux fleurons industriels français, l'une des stars, aussi, du Cac 40. Le flair, l'audace, le culot, la patience, l'ambition jouèrent, tour à tour ou simultanément, un rôle majeur dans ce travail d'édification d'un groupe leader. Jouèrent également une incontestable lucidité et une claire compréhension de l'avenir du service informatique qui permirent à Serge Kampf de se fixer quelques objectifs et de s'y tenir fermement. Sa capacité à savoir s'entourer fut également essentielle. Au fil des années, cet homme sorti d'aucun « sérail » – Serge Kampf n'est ni polytechnicien, ni énarque… – sut se constituer une équipe de collaborateurs hors pair dont certains, d'ailleurs, n'entendaient rien à l'informatique… Serge Kampf, enfin, eut la chance, ou plutôt l'opportunité, de rester très tôt seul maître à bord : alors que tous ses concurrents dirigeaient leur société de façon collégiale ou sous le contrôle tatillon d'actionnaires plus ou moins étrangers au monde de l'informatique – avec tous les inconvénients qu'une telle situation peut entraîner – lui put conduire son entreprise là où il l'entendait et comme il l'entendait, réagissant très vite aux sollicitations du marché, prenant sans délai et sans discussions inutiles les décisions qu'il croyait devoir être prises. Avec l'industrialisation, *l'indépendance* est, sans aucun doute, l'autre clé de la réussite de Cap Gemini… Les résultats, en tout cas, ne trompent pas. De Grenoble à Paris puis de la France à l'ensemble des pays industrialisés, l'histoire de Cap Gemini est sans conteste une success story. Elle est aussi une véritable saga. Une saga commencée il y a un peu plus de trente ans maintenant, à Grenoble, dans les tout premiers jours du mois d'octobre 1967…

Premier acte
Objectif France !

Un monde qui bouge

Ce 1er octobre 1967, ils ne sont pas bien nombreux ceux qui prêtent attention au petit entrefilet du *Journal des Annonces légales* annonçant la création, à Grenoble, d'une nouvelle société de services informatiques : la Sogeti. Qui donc, d'ailleurs, pourrait bien se soucier d'un tel événement ? La France, celle des classes moyennes urbaines surtout, cette France des employés de bureaux et des magasins, des cadres et des techniciens qui vit et pense au rythme de la société de consommation, se désintéresse complètement de ce genre de choses et n'a d'yeux que pour les dernières trouvailles des ingénieurs et des industriels : la Renault 16, présentée moins de deux ans plus tôt et dont le succès ne se dément pas, le magnétophone à cassettes, inventé par Philips en 1966 et qui conquiert immédiatement les jeunes du monde entier, les tout derniers modèles de fours, de cuisinières électriques ou de robots ménagers – dont moins de deux ménages sur trois, à ce moment, sont les heureux possesseurs et dont deux ambitieux commerçants, les frères Darty, ont décidé de faire le fonds de commerce de leur premier magasin de Bondy –, mais aussi le Concorde, qui s'apprête à sortir des chaînes de montage de Toulouse et qui vient à point nommé assouvir le chauvinisme national, la Carte Bleue, cette surprenante invention qui sonne l'âge de « l'argent automatique » pour tous, ou bien encore le laser à solide qui va bientôt permettre de mesurer au centimètre près la distance de la Terre à la Lune... La consommation à crédit, le confort ménager, le progrès technique, la vie facile, accessoirement la grandeur de la France : voilà ce qui, en ce milieu des années 60, intéresse l'immense majorité des Français...

Quant aux journaux, ils sont pleins des bruits du monde. Quatre mois après la fin du conflit, les éditoriaux dissertent encore sur les conséquences de la guerre des Six Jours qui, au mois de juin précédent et pour la troisième fois en vingt ans, a opposé Israël à ses voisins arabes. Au gré des articles, on suit également la croisade que mène, outre-Atlantique, Martin Luther King pour l'égalité des droits civiques, on s'inquiète des derniers développements de l'escalade militaire américaine au Vietnam ou du durcissement du régime des colonels en Grèce, on s'interroge sur les motivations du général de Gaulle dont les propos sur le « Québec Libre », en juillet à Montréal, continuent d'alimenter la chronique diplomatique et qui, à Varsovie, vient tout juste de se faire l'apôtre d'une grande Europe allant de « l'Atlantique à l'Oural », ou bien on évoque, sur le ton de la confidence, les projets de Lucien Neuwirth, le ministre de la Santé, qui s'apprête à présenter, contre une partie de sa majorité, une loi autorisant la contraception. Plus lucides, quelques rares chroniqueurs croient percevoir un certain malaise au sein de la société française et se risquent à entrevoir des lendemains qui déchantent… sans beaucoup de succès pour l'instant. En ce début d'automne 1967, il se passe décidément bien des choses en France et dans le vaste monde. Des choses que, depuis ce 1er octobre à 14 h 15 très précisément, les rares possesseurs d'un téléviseur couleur – quelques milliers de personnes à peine dans toute la France – ont l'insigne privilège de pouvoir suivre en couleur…

L'heure n'est pas non plus aux détails dans le monde de l'informatique. Ici aussi, de grandes choses se passent. Sur le plan technique d'abord. L'invention, quelques années plus tôt, des deux grands langages universels, le Fortran en 1957 et le Cobol en 1960, a littéralement révolutionné le traitement de l'information : à l'ère du tout technologique, symbolisé par les machines à cartes perforées, succède le temps de l'analyse et de la programmation qui ouvre la voie à l'informaticien spécialiste. Les constructeurs ont tôt fait de saisir la balle au bond : faisant suite à la 1401, première machine à programme enregistré, lancée en 1962, le 360 d'IBM, commercialisé à partir de 1964 et premier ordinateur à circuit intégré, se répand comme une traînée de poudre dans les grandes entreprises et les administrations en attendant de gagner les sociétés plus petites. L'immense succès de cette machine, les nouveaux besoins qu'elle suscite en interne, les compétences qu'elle appelle sont, pour certains, les prémices annonciatrices d'une nouvelle ère : l'entrée dans l'âge informatique. Le sociologue Michel Crozier n'a-t-il pas prophétisé, dans un article paru quelques années plus tôt dans *L'Expansion*, que l'ordinateur « *remettrait bientôt en cause le pouvoir et entraînerait une nouvelle conception de l'action chez les dirigeants* » ? Qu'on le critique ou qu'on l'admire pour ses potentialités, le « fait informatique » s'impose désormais à tous.

Signe de la place qu'est précisément en train de prendre, dans la société, l'« informatique » – un mot inventé peu de temps auparavant, en 1962, par Philippe Dreyfus, l'un des pères du premier ordinateur, l'Eniac, et l'une des grandes figures de l'informatique française[1] –, l'Etat, après des années d'indifférence, se préoccupe enfin du retard français en la matière en lançant, en juillet 1966, le très officiel « Plan Calcul » puis en créant, en septembre 1966, une Délégation générale à l'informatique. Celle-ci est confiée à Robert Galley, gaulliste de la première heure et ancien patron de l'usine de séparation isotopique du CEA de Pierrelatte, assisté de deux jeunes brillants fonctionnaires, Maurice Allègre et Pierre Audouin. Objectif de ces initiatives (qui dépendent directement du Premier ministre Georges Pompidou) ? Promouvoir une informatique à la française, quasi inexistante depuis le rachat de Bull par l'américain General Electric en 1964, atténuer la dé-

---

1. Que nous retrouverons à plusieurs reprises dans le fil de ce récit.

pendance française envers les Etats-Unis en la matière, favoriser, autant que faire se peut, les concentrations au sein du secteur, bref, créer un outil industriel en s'appuyant sur l'existant. Une ambition tout entière symbolisée par la création, en décembre 1966, de la Compagnie internationale pour l'informatique, la CII. Née du regroupement de la CAE (Compagnie européenne d'automatisme électronique), une filiale commune de Thomson et de la CGE qui produit sous licence américaine des ordinateurs « temps réel » destinés à des applications militaires, et de la SEA (Société d'électronique et d'automatisme), une filiale de Schneider qui fabrique pour sa part des ordinateurs de conception française, la « C 2 I » se voit confier pour tâche la conception et la réalisation d'une gamme d'ordinateurs totalement indépendante de la technologie américaine. Ce qui ne l'empêche pas, curieusement, d'installer son siège à Louveciennes, dans les anciens locaux du grand quartier général de l'OTAN en Europe...

Quant aux sociétés de services informatiques, elles ont bien trop à faire, en cette fin d'année 1967, pour se soucier de la naissance d'un confrère quelque part à Grenoble. S'en soucieraient-elles d'ailleurs, que Sogeti ne serait, après tout, pour elles, qu'un concurrent de plus dans un marché déjà passablement encombré. Car, à défaut de compter en son sein un fabricant de matériel informatique d'envergure, la France peut en effet se targuer d'être, avec la Grande-Bretagne, l'un des pays européens qui compte le plus de sociétés de services informatiques. En 1967, il existe au total près de 500 sociétés de ce type. La plupart sont apparues entre la fin des années 50 et le milieu des années 60, beaucoup à l'initiative de polytechniciens qui contribueront à donner au secteur quelques-unes de ses caractéristiques les plus originales.

Comme bien souvent en la matière, l'inspiration est venue des Etats-Unis où, depuis quelques années déjà et sous le coup de l'informatisation accélérée de la société, cette activité connaît un brillant épanouissement, donnant naissance à des groupes très importants. Doyenne mondiale des grandes sociétés de services informatiques, Computer Sciences Corporation emploie déjà, à la fin des années 50, plus de 2 000 personnes entre ses installations de Los Angeles et de San Diego et affiche clairement ses ambitions internationales. Fondée en 1962 à Dallas par un certain Ross Perot – celui-là même qui, aux présidentielles de 1992 et 1996, viendra titiller George Bush et Bill Clinton –, Electronic Data System (EDS), autre « poids lourd » du secteur, emploie elle aussi plusieurs milliers de personnes et intervient sur presque tout le territoire américain. Nées peu ou prou au même moment, Computer Application, Computer Usage et SDS affichent un profil similaire. Outre-Atlantique, le gigantisme, en matière de service informatique, est clairement la règle...

Rien de tel bien sûr en France. Ici, les SSII sont beaucoup plus modestes et sont installées sur des créneaux très spécifiques et parfois très éloignés du service informatique tel qu'on l'entend aujourd'hui. La diversité des compétences et la variété des savoir-faire sont les principales caractéristiques du secteur et contribuent à la multiplication du nombre d'acteurs. Parmi ceux-ci, quelques noms cependant émergent. Doyenne des SSII françaises, la Société d'études de mathématiques appliquées (SEMA) est fondée en 1958 par Jacques Lesourne, Marcel Loichot et Robert Lattès, trois anciens élèves de l'Ecole polytechnique dont le premier sera appelé plus tard à diriger le journal *Le Monde*. Sa spécialité d'origine : la recherche opérationnelle et l'économie appliquée utilisant l'informatique. Ses contrats types : des calculs théoriques sur les files d'attente, vendus aux grands magasins puis aux grandes surfaces. Trois ans plus tard, en 1961, naît la CEGOS, immédiatement suivie de la Compagnie européenne de recherches en cybernétique industrielle (CERCI), créée par un autre groupe de polytechniciens et spécialisée dans l'informatique industrielle.

Autre grand nom du secteur des SSII en France : le Cap. Fondé en 1962 par un ingénieur-conseil en organisation, Bertrand Asscher, un ancien d'IBM, Charles Boch, et un ancien de Bull, Jacques Lescault, rejoints plus tard par Jean Citry et surtout Philippe Dreyfus, le Centre d'analyse et de programmation est la première SSII en France à vendre de la programmation à façon. L'idée fera école. Elle consiste à contacter systématiquement les sociétés ayant acquis des ordinateurs IBM pour leur proposer d'écrire et d'installer leurs programmes. Une prestation effectuée depuis des lustres par les constructeurs eux-mêmes qui, s'ils ne se privent pas d'inclure le coût du service ainsi rendu dans le prix total des machines, ne mettent cependant guère d'enthousiasme à remplir cette mission très éloignée de leur vocation d'origine. Sur ce créneau-là, le Cap saura s'imposer très vite, donnant corps à un métier qui restera longtemps l'une des bases du service informatique.

Deux ans encore et c'est la création, par deux polytechniciens venus de l'armée de l'air, Jacques Stern et Jacques Arnould, de la Société d'étude des systèmes d'automation (SESA). Spécialisée dans la conception et la réalisation de systèmes complets liant informatique et équipements, la société signe ses premiers grands contrats avec l'OTAN et l'armée de l'air française pour des systèmes très complexes de détection et d'interception aérienne. La même année Sema participe à la création de la Société d'analyse et de conception de systèmes (SACS), dont la direction est confiée à Jean Carteron – futur créateur, en 1969, de Steria et lui aussi polytechnicien – et dont l'activité s'oriente d'emblée vers la conception de programmes. Dans l'intervalle, de multiples sociétés voient le jour, certaines dépendant directement des constructeurs ou des fabricants d'équipements électriques. Au milieu des années 60, la plupart des entreprises qui, dans les années suivantes, contribueront à façonner le profil du service informatique existent déjà.

Très spécialisées, implantées pour la plupart à Paris, elles présentent, en dépit de leur diversité, un certain nombre de traits communs : forte proportion de polytechniciens, prédominance des ingénieurs et des techniciens sur les « commerciaux » et les hommes d'entreprise, très forte culture technique, intérêt très marqué pour la recherche de solutions informatiques et de nouvelles applications, plus ou moins grande collégialité des équipes dirigeantes unies par une même passion... Sur leur créneau respectif, elles n'ont, en outre, guère de souci à se faire : le travail ne manque pas et tout indique qu'il ne manquera pas non plus au cours des années à venir. Reste que, passé 1964-1965 et après sept années d'effervescence, le rythme de créations de SSII se ralentit très sensiblement. Comme si le marché, ayant atteint sa maturité, voulait se donner un peu de temps pour souffler...

Itinéraire d'un entrepreneur

C'est donc sur un marché en effervescence mais dont on pourrait croire qu'il affiche complet que Sogeti fait son apparition le 1er octobre 1967. La création de l'entreprise, menée tambour battant, est presque le fruit du hasard. Elle est la conséquence directe des évolutions professionnelles d'un jeune cadre de Bull : Serge Kampf.

Tout commence à Grenoble dans les tout derniers jours du mois de décembre 1966. Serge Kampf est, dans cette ville, directeur régional de Bull, un poste où il a succédé à son ancien patron, José Bourboulon, parti diriger la région de Lyon. Chez le constructeur informatique, Serge Kampf est entré en août 1960 après une double licence de droit et de sciences économiques et un bref passage aux PTT comme inspecteur des Télécommunications. Sa nomination à Grenoble, fin 1961, est pour lui un retour aux sources.

D'origine suisse, né à Grenoble en octobre 1934, fils d'un militaire de carrière mort pendant la campagne d'Alsace de l'hiver 44-45, il a passé toute sa jeunesse dans la capitale du Dauphiné, poursuivant de brillantes études secondaires au très réputé lycée Champollion. A l'automne 1952, avec en poche un baccalauréat obtenu avec mention, il s'inscrit à la faculté des sciences pour y préparer le concours d'entrée à différentes écoles d'ingénieurs (Institut polytechnique de Grenoble, Ecole supérieure de chimie de Lyon ou de Toulouse, etc.). Mais, grisé par sa liberté nouvellement acquise – il avait été interne au lycée pendant quatre ans – il passe le plus clair de ses journées et de ses soirées dans les cafés en vogue de la capitale grenobloise à refaire le monde avec ses copains étudiants et à disputer avec eux d'interminables parties de bridge. Après trois années pendant lesquelles il avouera bien plus tard avoir « *franchement déconné* », il n'a réussi à intégrer aucune des grandes écoles auxquelles il aspirait, a perdu le peu de goût qu'il avait pour les mathématiques et a fini par épuiser les maigres ressources dont il bénéficiait en sa qualité de boursier d'Etat.

Sentant le danger, il opère alors un virage brutal : il quitte Grenoble pour Paris et change radicalement d'orientation en s'inscrivant à la faculté de droit pour y préparer une licence. Parallèlement à cela, il passe un concours administratif qui lui assure, en même temps qu'un statut d'inspecteur des PTT, un salaire décent lui permettant de subsister et de payer ses études. Vingt heures de cours par semaine à la Sorbonne, à peu près autant à l'Ecole des télécommunications de la rue Barrault, le changement de rythme est rude ! Mais l'étudiant dissipé de Grenoble s'est transformé en bûcheur acharné qui mène de front deux cursus très différents (droits et télécoms) qu'il saura amalgamer plus tard pour en faire un usage étonnant.

En juillet 1959, titulaire d'une licence en droit et sciences économiques, il se lance dans la préparation du concours d'entrée à l'ENA réservé aux fonctionnaires. Mais son administration (à qui il doit encore un minimum de trois ans de service pour honorer le contrat signé en 1955) voit d'un mauvais œil ses éléments les plus prometteurs viser d'autres horizons que ceux qu'elle leur offre, et lui met délibérément des bâtons dans les roues. Il s'en indigne, se révolte... et prête une oreille plus attentive aux propos que lui tient le propriétaire de son appartement qui n'est autre que le Professeur Arnold Kauffmann, mathématicien réputé et conseiller scientifique de la Compagnie des Machines Bull. Celui-ci lui démontre qu'il n'est pas à sa place aux PTT et qu'il devrait plutôt entrer chez le constructeur d'ordinateurs qui a précisément besoin de jeunes talents comme lui. Bull, lui explique-t-il, est depuis quelques années en pleine expansion. Mieux ! Avec un chiffre d'affaires de 12 milliards de francs et plus de 16 000 employés, la Compagnie figure au deuxième rang mondial, juste derrière l'américain IBM. Entre les deux groupes, la lutte ne fait que commencer et pour nourrir ses ambitions, Bull a besoin de jeunes diplômés : « *Venez chez Bull, c'est une entreprise d'avenir installée sur un marché porteur* » lui dit en substance son prévenant propriétaire.

Serge Kampf est tenté mais il hésite. Certes la grande Administration, ce n'est pas vraiment ce qui le fait rêver, mais il préfère tout de même le droit, l'écriture ou les sciences économiques à la science tout court. Et des tenants et aboutissants de ce que l'on n'appelle pas encore l'informatique – le mot ne sera inventé, nous l'avons vu, qu'en 1962 – le futur patron de Cap Gemini n'a à cette époque qu'une idée très vague. Finalement, il se décide : après la physique et la chimie organique, après le droit constitutionnel ou les relations économiques internationales, après le fonctionnement du réseau téléphonique souterrain à grande distance, pourquoi pas le « traitement automatique de l'information » ? Il apprendra.

Il entre donc en août 1960 à la Compagnie des Machines Bull et, au sein d'une promotion d'une trentaine d'ingénieurs commerciaux d'origines très diverses (il y a là des étudiants tout frais émoulus d'HEC, deux ou trois polytechniciens, un administrateur de la France d'Outre-Mer,...), il apprend ! Dix-huit mois de cours intensifs au terme desquels il est, selon ses vœux, nommé à l'agence de Grenoble, dirigée alors par un manager remarquable mais dont le mauvais caractère est célèbre dans toute la Compagnie, José Bourboulon. L'un et l'autre ont pour tâche de vendre des matériels Bull aux clients et prospects de la région Dauphiné-Savoie et de diriger une équipe de techniciens capables de les installer et d'en assurer la maintenance. Une tâche enthousiasmante mais plus difficile qu'il n'y paraît. En premier lieu parce que l'informatique, si elle ne cesse de gagner du terrain, est une technique encore jeune dont l'utilité n'apparaît pas forcément à tout le monde. Dans ces conditions, convaincre les entreprises des avantages que représente l'informatisation pour effectuer la paie, gérer les effectifs ou améliorer la production, tous travaux effectués depuis des lustres à la main ou reposant sur le savoir-faire des contremaîtres, demande du temps et beaucoup de persévérance. En second lieu et surtout parce qu'à Grenoble, sur ce marché du matériel informatique, Bull n'est pas seule. Il lui faut compter avec IBM dont la réputation n'est plus à faire et l'efficacité commerciale légendaire. Entre les deux réseaux, celui du numéro un et celui du numéro deux mondial, la lutte est à couteaux tirés. C'est à celui qui arrachera le plus grand nombre de commandes ou, mieux encore, qui persuadera le client du concurrent de changer de camp...

Dans cette lutte frontale, Serge Kampf obtient très vite de beaux résultats. Il faut dire que José Bourboulon et lui forment une équipe d'une efficacité redoutable d'autant qu'au lieu de se cantonner au plus facile – les prospects non encore équipés – ils s'attaquent en priorité aux clients d'IBM, autant de forteresses prétendues imprenables dont plusieurs cèdent pourtant à leurs arguments. Le plus beau de ces exploits est à mettre au crédit de Serge Kampf qui, en avril 1966 et au terme de négociations acharnées, parvient ainsi à « débaucher » la SOGREAH (Société grenobloise d'études sur les applications hydrauliques), client d'IBM depuis... 1945 et qui, à un IBM 360/65, préfère finalement un Bull 635. Un bel exploit qui vaut au jeune cadre les honneurs de la couverture – avec photo – du bulletin interne de l'entreprise et les félicitations de la direction générale. A Paris, on commence à parler de ce jeune cadre qui, avec un talent certain, dame le pion au concurrent de toujours. Directeur commercial de la Compagnie, Jean-François Dubourg ne tarit pas d'éloges sur son compte et le cite en modèle à tous les commerciaux qu'il recrute. « *Il finira président de la République ou P-DG* » prophétise alors Daniel Setbon, l'un de ses amis d'enfance, partageant en cela l'avis de pas mal de monde. Bref : manifestement à l'aise dans son métier, très bien considéré par sa hiérarchie, promis à un bel avenir, Serge Kampf a trouvé sa voie. Las ! C'est à ce moment que, pour la seconde fois en moins de dix ans, son destin bascule : le 23 décembre 1966, la veille de Noël, celui qui vient pourtant d'être nommé directeur régional à Grenoble annonce, en même temps que les 17 autres directeurs régionaux de la Compagnie, sa démission de Bull. Un « *coup de sang, un coup de tête* », dira-t-il plus tard. Mais aussi le résultat d'une exaspération croissante envers les décisions de la direction américaine du groupe...

Pour comprendre cet événement, un bref retour en arrière s'impose. Fondée en 1921 par l'ingénieur norvégien Frederick Rosing Bull pour exploiter son brevet révolutionnaire sur les cartes perforées, reprise par la firme suisse Egli, relancée en France en 1932 sous le nom de Compagnie des Machines Bull, un temps contrôlée par la famille Michelin, Bull, au terme d'une histoire capitalistique pour le moins mouvementée et d'une série d'erreurs techniques majeures, avait fini, en 1964, par faire entrer dans son capital le groupe américain General Electric. Acte de décès de l'informatique française, l'affaire, à l'époque, avait fait grand bruit et avait été directement à l'origine du lancement du Plan Calcul. En interne, l'arrivée de General Electric n'avait pas non plus été sans conséquences. Après avoir imposé, de façon toute classique, ses méthodes et ses hommes, le groupe américain avait entrepris de s'attaquer au catalogue Bull avec, pour objectif, d'homogénéiser l'offre machines, de réduire le nombre de références et d'accroître la compétitivité du réseau commercial. Contestable dans la mesure où elle sapait des années d'efforts, cette réorganisation imposée d'en haut et sans beaucoup de tact avait été vécue par les Français comme une intolérable ingérence, finissant par enflammer une société déjà placée sous haute tension.

L'affaire est connue pour avoir fait, en son temps, la une des journaux. Elle se passe en deux temps. Premier acte : en octobre 1966, General Electric fait savoir à toutes ses filiales qu'elles doivent retirer du catalogue tous les ordinateurs de la série 600 et que ceux qui ont été commandés (dont le 635 que Serge Kampf a vendu à la SOGREAH) ne seront pas livrés. En France, au sein du réseau Bull, cette décision est très mal reçue. De conception américaine, les GE 600 sont en effet très prisés des commerciaux de l'entreprise et constituent l'un des fers de lance de leur action de vente. Directeurs régionaux et responsables commerciaux n'ont cependant d'autre choix que de s'exécuter. Mais lorsque deux mois plus tard, à la fin du mois de décembre, une nouvelle instruction venue d'outre-Atlantique impose le retrait de deux nouveaux ordinateurs, d'origine française cette fois, les 140 et 145, la crise éclate au grand jour.

Craignant pour l'avenir même du réseau commercial, les directeurs régionaux de la Compagnie se considèrent comme privés de leur emploi et remettent collectivement leur démission, se réservant la possibilité d'intenter toute procédure qui leur semblera utile. L'affaire ébranle Bull. Dans *Le Monde* du 3 janvier 1967, Nicolas Vichney, qui suit pour le quotidien les affaires informatiques, stigmatise *« certaines méthodes de gestion pratiquées outre-Atlantique »* et prédit une crise grave chez Bull. Les négociations, cependant, contribuent à calmer le jeu. Sachant qu'ils sont les plus résolus, Maxime Bonnet, directeur général de Bull, convoque dans son bureau le 4 janvier à sept heures du matin Serge Kampf et José Bourboulon et essaie de les « retourner ». Ceux-ci campent sur leurs positions, mais acceptent de ne pas intervenir au cours de la réunion plénière qui, à huit heures, va rassembler les 18 démissionnaires et l'état-major de Bull. A dix heures, la rébellion est jugulée, seize des directeurs régionaux reprennent leur démission[1], deux seulement la maintiennent : Serge Kampf et José Bourboulon. *« Je ne pouvais plus supporter les méthodes coloniales des Américains »*, confiera Serge Kampf à quelques intimes. *« C'était une question de principe »* dira José Bourboulon. Les deux hommes se retrouveront bientôt pour ne plus se quitter. Pour l'heure, Serge Kampf, s'il repousse toutes les offres que lui fait sa direction, accepte tout de même de prolonger son préavis de trois mois supplémentaires pour avoir le temps de convaincre les trois gros clients qui lui avaient passé commande des fameux 140 et 145 de les remplacer par des matériels GE 400 ! Bel exemple de conscience professionnelle... Le 30 juin 1967 enfin, après avoir réussi à convertir les commandes de ces trois clients et tirant un trait sur sept années passées chez le constructeur, Serge Kampf passe la porte de Bull pour ne plus jamais y revenir...

Déçu, le jeune directeur de Grenoble ? assurément. D'autant qu'en ce début d'été, le voilà sans travail, sans grandes ressources – même si Bull lui a versé une indemnité de non-concurrence qui lui interdit de passer chez IBM – et sans projet d'avenir. Un retour à la case départ, en somme, pour Serge Kampf qui, à trente-trois ans, doit penser qu'il est temps pour lui de se fixer une fois pour toutes... Dans l'immédiat, grâce à José Bourboulon, qui a quitté Bull fin mars 1967

---

1. Sur les seize, il n'en restera plus qu'un quelques années plus tard.

pour prendre un poste de directeur commercial France au sein d'une grosse fabrique de fours de boulangerie de Valence, il est embauché par cette dernière comme directeur commercial export. Cette nouvelle expérience professionnelle ne dure que le temps d'un rapport, très critique, remis à son président sur les perspectives commerciales de l'entreprise à l'étranger et l'état du réseau hors de l'Hexagone, dont Serge Kampf stigmatise l'incompétence et l'inefficacité. Effrayé par les conclusions roboratives du document et les solutions préconisées – en gros remplacer sur-le-champ 50 % des équipes ! – son nouvel employeur préfère interrompre sans délai une collaboration qui s'annonce orageuse. Nous sommes à la fin du mois de juillet et Serge Kampf se retrouve sans emploi, bien décidé à utiliser ses vacances pour réfléchir à ce qu'il veut faire.

Le dénouement survient dans le courant du mois d'août. En « *philosophant* » un soir, avec un ami, sur une plage au bord de l'Adriatique où il s'octroie quinze jours de repos, Serge Kampf prend finalement la décision – totalement improvisée – de se mettre à son compte et de créer sa propre entreprise. « *Je ne veux plus avoir de patron* », explique-t-il alors à ceux qui l'interrogent sur ses motivations. L'activité ? Ce sera le service informatique. Ce métier, l'ancien directeur régional de Bull le connaît bien pour l'avoir pratiqué dans le passé. Au début des années 60, sentant le filon, la Compagnie s'était en effet dotée elle aussi, en interne, d'un département Services, dirigé par un brillant Supélec-Sciences Po, Michel Jalabert. Sur le terrain, l'activité de ce département s'apparentait peu ou prou à celle d'une SSII classique. Directeurs régionaux et responsables d'agences proposaient ces prestations en complément de la vente de matériel proprement dite. Venu du réseau, Serge Kamp en connaît donc un bout sur ce métier. Mais il sait aussi, pour l'avoir constaté, que l'attente des utilisateurs de matériels informatiques, entreprises et administrations, en matière d'assistance technique est réelle et qu'elle n'est qu'en partie satisfaite. En clair, il y a de quoi faire. Enfin, le service informatique présente l'immense avantage de ne demander aucun investissement matériel, un « plus » quand on n'a, pour tout bagage financier, qu'une indemnité de non-concurrence et un demi-salaire de directeur commercial export !

Reste à lancer le projet, à trouver un nom et à réunir quelques associés. Autant de tâches qui accaparent Serge Kampf tout le mois de septembre 67. Entre deux formulaires, l'entrepreneur en herbe trouve quand même le temps de rencontrer le directeur du marketing de Thomson-CSF, Jean-Baptiste Renondin, qui, averti de son départ de Bull, est venu lui proposer un poste de directeur régional dans la firme d'électronique tout juste née de l'absorption de la CSF par Thomson-Houston. Si le courant passe bien entre les deux hommes – Serge Kampf s'en souviendra plus tard – il est cependant trop tard pour faire marche arrière. L'ancien directeur régional de Bull ira jusqu'au bout de son projet...

A la fin du mois de septembre, tout est prêt. Le nom ? ce sera Sogeti, Société pour la gestion de l'entreprise et le traitement de l'information. Le métier ? comme le nom de la société l'indique très clairement, le service informatique, mais un service tourné résolument vers les entreprises. Une voie très peu explorée par les SSII qui, à l'époque, développent plutôt des applications informatiques dans des domaines très spécifiques, les mathématiques et l'économie pour Sema, les grands systèmes pour Sesa, les automatismes pour Cerci, les programmes industriels ou scientifiques pour Cap... A l'opposé de ces approches très spécialisées, Sogeti, elle, s'adressera à toutes les entreprises auxquelles elle proposera une assistance technique à façon pour le démarrage de leurs ordinateurs et la mise en œuvre de programmes de gestion. Ce choix initial dans un marché très porteur fera beaucoup pour le succès de l'entreprise.

Les associés ? Ils sont des plus éclectiques. Il y a d'abord les anciens de Bull, José Bourboulon bien sûr, mais aussi trois analystes-programmeurs, Léon Gantelet, François Odin et Fernand Pasquier, qui apporteront à la jeune société l'indispensable savoir-faire technique. Il y a ensuite les amis. Ce sont les plus nombreux. Après avoir proposé 5 % à Daniel Setbon, qui, occupé ailleurs, décline l'offre – « *Je m'en suis longtemps mordu les doigts* » avoue, encore aujourd'hui, ce dernier –, Serge Kampf parvient à convaincre plusieurs de ses proches : Robert Rostin, un expert-comptable, et son épouse, mais aussi Gérard Barrio, René Maridor, Georges Vernais et Raphaël Payen, tous cadres dans des sociétés de la région de Lyon et de Grenoble et qui ont décidé d'être partie prenante dans l'aventure. Il y a enfin Michel Jalabert à travers une petite société qu'il a créée à Paris, la Sertex. Onze associés au total, douze en comptant Serge Kampf. Ici aussi, à l'instar des autres SSII, la collégialité est la règle. Le profil des fondateurs de Sogeti est cependant bien différent de celui des autres SSII. Pas, cette fois, de polytechniciens bien introduits dans les cercles parisiens, d'experts en organisation ou de surdoués de l'informatique, à l'image d'un Philippe Dreyfus au Cap. Mais une équipe un peu hétéroclite constituée de techniciens formés sur le terrain, de deux excellents commerciaux et de quelques bons copains. En somme, de parfaits inconnus, tous provinciaux de surcroît, mais pourtant bien décidés, comme le dira plus tard José Bourboulon, « *à faire du business en s'amusant* » ! Car c'est bien de cela dont il s'agit. La dimension collective de l'aventure entrepreneuriale restera toujours, malgré les déceptions et les revers de fortune, l'une des bases du projet de Serge Kampf et contribuera à l'émergence d'une culture d'entreprise très forte. Ensemble, ces associés de la première heure parviennent à réunir 100 000 francs (soit 630 000 francs de nos francs 1999) qui constituent le premier capital de la société anonyme Sogeti. De ce capital, Serge Kampf n'a que 34 %, les trois analystes de Bull 27 % à eux trois, Robert et Irma Rostin 20 %, José Bourboulon 6 %,

Michel Jalabert 5 %, le solde étant réparti entre les quatre autres associés.

Reste à trouver un logo. Pour 500 francs de l'époque, une petite agence de publicité que Serge Kampf a dénichée à Grenoble propose au choix une abeille, une roue dentée censée représenter un dérouleur de ruban magnétique et un as de trèfle, symbole de chance et de bonheur. Un choix on ne peut mieux trouvé, assurément, pour une jeune « start-up ». Après un rapide examen, Serge Kampf en décidera autrement, optant finalement pour l'As de pique, la carte la plus forte au bridge, mais un as de pique aux formes plus rebondies que l'original. Tout un symbole. Ou signe prémonitoire des destinées de l'entreprise... Quant à la couleur, point besoin de savantes études. Etant tombé par hasard sur un article qui évaluait à 50 millions de francs le coût des recherches ayant permis à Elf de définir la charte graphique de son nouveau logo, Serge Kampf décide aussitôt d'adopter pour son propre logo les deux couleurs finalement choisies par le pétrolier, le rouge et bleu turquoise. « *C'est toujours 50 millions de gagné* », explique le jeune entrepreneur à son entourage. Le 1er octobre 1967, enfin, les formalités préparatoires achevées, la société Sogeti est immatriculée au registre du commerce et des sociétés. L'aventure Cap Gemini commence...

Des débuts prometteurs

Comme toujours en pareil cas, les débuts de Sogeti sont sans prétention. Installée boulevard Maréchal-Leclerc dans un deux-pièces cuisine niché dans l'une des trois tours édifiées en prévision des Jeux olympiques d'hiver de Grenoble de février 1968 – ceux qui verront Jean-Claude Killy remporter successivement trois médailles d'or – la jeune société démarre avec cinq personnes, toutes des « ex » de Bull : les trois analystes, Serge Kampf et Odette Bernard-Colombat, son ancienne secrétaire qu'il est parvenu à convaincre de le suivre dans cette nouvelle aventure. Modeste, la petite société n'en a pas moins de grandes ambitions : ce que veut Serge Kampf, c'est, à partir de Grenoble, s'assurer rapidement de solides positions commerciales dans l'ensemble de la région Rhône-Alpes où la société, grâce aux relations nouées à l'époque Bull, peut compter sur de nombreux contacts. A partir de là, il sera toujours possible de se développer ailleurs en France... Sur le plan financier également, le jeune entrepreneur a des idées bien arrêtées : « *nous gagnerons de l'argent dès la première année,* martèle-t-il à ses associés, *et cela sans rogner sur les rémunérations.* » Histoire de donner à l'entreprise de bonnes habitudes. Mais de dividendes, Serge Kampf ne veut pas entendre parler. « *Avec les bénéfices réalisés,* annonce-t-il, *nous ferons grandir l'entreprise. Nous réinvestirons tout l'argent dans des projets utiles.* » De fait, les actionnaires de Sogeti attendront huit ans pour toucher leurs premiers dividendes...

Dans la mise en œuvre de ce programme, la petite équipe ne perd pas de temps. Tandis que ses associés se consacrent aux aspects techniques de l'entreprise et se préparent à mener à bien les premiers contrats, Serge Kampf, lui, s'occupe du commercial. Chaque jour, de huit heures à vingt heures, le jeune entrepreneur court d'un rendez-vous à l'autre, multipliant les contacts à droite et à gauche, se rappelant au bon souvenir de ses anciens clients, vantant chaque fois les mérites de la petite Sogeti. « *Nous sommes une société d'informaticiens fondée et dirigée par des informaticiens, une société de véritables professionnels* », explique-t-il sans relâche à l'intention de ses prospects. Aux entreprises, Sogeti propose une très large gamme de prestations qui vont du conseil et de l'audit informatique à la conception de systèmes automatisés pour la gestion du personnel, la facturation ou la gestion de production, en passant par l'assistance technique et la mise à disposition d'ingénieurs et d'analystes-programmeurs, ce que l'on appelle alors le « body-shopping ». Autant de compétences que Sogeti, explique son patron, se fait fort de mettre en œuvre et que les entreprises ont tout intérêt à confier à de véritables professionnels plutôt qu'aux constructeurs... Un an plus tard, le jeune entrepreneur trouvera un slogan particulièrement bien senti pour résumer la philosophie de l'entreprise : « *Ne vous torturez plus, torturez Sogeti* ». A une époque où l'informatique est encore mal maîtrisée et où les vrais spécialistes du software se comptent sur les doigts d'une main, Sogeti se pose en fait d'emblée en expert du traitement de l'information et en partenaire des entreprises auxquelles elle offre des services « utiles » et parfaitement adaptés à leurs besoins.

Et ça marche. Un mois à peine après sa création, Sogeti peut déjà s'enorgueillir de six beaux contrats signés avec des « poids lourds » de la région : facturation pour les Eaux minérales d'Evian, comptabilité pour la Banque la Prudence, paie des laboratoires Aspro-Nicholas, statistiques points de vente pour le compte d'Elf-Distribution, assistance au démarrage d'un ordinateur Bull-Gamma 10 pour le groupe Péchiney-Soférec, installation d'un ordinateur IBM 360/30 pour les laboratoires Sarbach... La diversité des missions est alors la règle. Démonstration est faite de la réalité de la demande et de l'intérêt des entreprises pour ce type de prestations. A la fin du mois de novembre, un nouveau contrat, énorme et prestigieux, est signé par Serge Kampf avec l'usine de production d'uranium enrichi de Pierrelatte et vient à point nommé confirmer la pertinence de l'action menée par la société : à la toute jeune Sogeti, le Commissariat à l'énergie atomique, gestionnaire du site de Pierrelatte, confie en effet l'acquisition et le traitement de toutes les données de l'usine basse, soit au total plus de 3 000 mesures à capter, à trier et à acheminer dans le bon ordre ! Une manne de près de 4 millions de nos francs actuels qui nécessite l'embauche d'une dizaine de techniciens supplémentaires. Un peu plus d'un mois après sa création, Sogeti se sent pousser des ailes...

Certains associés aussi, d'ailleurs, qui, du coup, se découvrent de nouvelles ambitions… En cette fin d'année 1967, alors que tout semble aller bien pour la société, rien ne va plus par contre entre Serge Kampf et une partie de ses associés. Querelles sur la répartition des pouvoirs ? Désaccords sur le partage des « fruits de la croissance » ? Incompatibilité de caractère ? Jalousies ? Probablement un peu de tout cela. Reste que, dès le mois de novembre, Léon Gantelet, François Odin et Fernand Pasquier, les trois analystes venus de Bull, manœuvrent pour prendre le contrôle de la société et évincer Serge Kampf, ouvrant une grave crise au sein de cette dernière. Mettre la main sur Sogeti ? L'objectif est loin d'être absurde pour peu que le trio, qui contrôle 27 % du capital, parvienne à rallier à sa cause d'autres associés. A la fin de l'année et au terme d'interminables conciliabules, Léon Gantelet, François Odin et Fernand Pasquier sont d'ailleurs parvenus à convaincre Robert Rostin et son épouse de se joindre à eux, s'assurant ainsi le contrôle de 47 % du capital…

Le coup est rude pour Serge Kampf qui, toutes affaires cessantes, s'emploie à ressouder autour de lui les autres associés. L'enjeu est d'importance. Car si, en apparence, le rapport de force est pour l'heure favorable au bloc Kampf, la situation peut à tout moment basculer. Dans un climat que l'on devine très tendu, chaque camp fourbit ses armes. Pendant plusieurs semaines, Gantelet, Odin, Pasquier et leurs nouveaux alliés font ainsi le siège de René Maridor qui, avec 1 % du capital, est un de ceux qui tiennent le sort de l'entreprise entre leurs mains. Serge Kampf n'est pas en reste qui compte sur la fidélité de ses amis pour rester maître du jeu. L'affaire se dénoue au début de l'année suivante. Faute d'être parvenus à leurs fins, Gantelet, Odin et Pasquier se décident finalement à jeter l'éponge et à céder leurs parts au prix fort. Les négociations sont longues et s'effectuent dans un climat électrique. Au prix d'un gros emprunt personnel – il y en aura beaucoup d'autres – Serge Kampf parvient finalement à porter sa propre participation dans

Sogeti à 52 % puis à 84 %. Exit donc, les trois associés – le dernier partira en juillet 1968 – qui s'en vont développer, à Cluses en Haute-Savoie, une autre SSII (la Sopra qu'ils avaient créée en cachette dès le lendemain de la création de Sogeti !). L'affaire laissera des traces entre les deux entreprises. Quant à Serge Kampf, il a eu très chaud. *« Ma naïveté a failli me tuer »*, avoue-t-il alors à ses fidèles. Mais il n'oubliera pas de sitôt la leçon : de ce jour, la sauvegarde de l'indépendance capitalistique de la société et le maintien de son propre contrôle sur elle resteront ses principaux objectifs. En attendant, voilà l'ancien directeur de Bull majoritaire dans Sogeti sans l'avoir voulu. A défaut d'avoir été préméditée, l'opération présente un avantage certain qui fait de Serge Kampf le seul patron de la société. Une originalité dans le secteur des SSII où, on l'a dit, la collégialité est la règle. Mais aussi un atout de poids : désormais, le jeune entrepreneur a les mains entièrement libres pour conduire le développement de Sogeti comme il l'entend…

Et pour l'heure, conduire l'entreprise, cela signifie faire face au développement des affaires. Développement remarquable au demeurant tant, en cette seconde moitié des années 60, le marché de l'informatique est en effervescence. Alors qu'en 1965, le parc d'ordinateurs en France représente un peu moins de 2 200 machines, il fait plus que tripler au cours des cinq années qui suivent avant de dépasser 12 000 machines en 1973. Encore ne s'agit-il là que de « hardware ». Dans le même temps, les entreprises et les administrations sont de plus en plus demandeuses de services « annexes », assistance technique bien sûr, mais aussi études et conseil, conception de programmes, mise en œuvre de systèmes d'ingénierie et de systèmes de gestion intégrée, formation des hommes… Du pain béni pour les SSII qui, au tournant des années 70, s'apprêtent à connaître leur premier âge d'or et ont fort à faire pour répondre à la demande.

De ce vaste mouvement qui pousse les entreprises – d'abord les plus grandes puis, par capillarité, les plus modestes – à s'équiper en informatique, la petite Sogeti profite elle aussi pleinement. Solidement implantée à Grenoble et dans sa région, où elle jouit déjà d'une très bonne réputation, la jeune société progresse à vive allure. En février 1968, malgré la lutte pour le contrôle du capital qui bat son plein, elle a déjà en portefeuille onze clients et tout indique qu'il ne s'agit là que d'un début. Signe des temps, au cours de ce même mois de février, l'entreprise se dote d'une direction commerciale dont le titulaire n'est autre que José Bourboulon, qui, quelques mois plus tard, rendra son tablier de directeur commercial chez son fabricant de fours de boulangerie. Il est le premier de ces hommes qui, au fil des années, formeront le « noyau dur » des compagnons de Serge Kampf. Mais le choix de José Bourboulon pour occuper cette fonction n'est pas seulement dû aux liens qui l'unissent à Kampf. Outre qu'il connaît parfaitement le monde de l'informatique – un monde où il a de nombreuses relations – l'ancien directeur de Bull à Lyon est un « as » du commercial et excelle comme personne à décrocher du contrat. *« Rien ne lui résistait »* confie aujourd'hui quelqu'un qui le connaît bien. Un choix rêvé, donc. Mais aussi un événement d'importance à l'échelle du secteur tant sont rares, à cette époque, les SSII disposant d'une véritable structure commerciale. Techniciennes avant tout, les entreprises ont alors, pour la plupart, une approche presque mondaine du commercial : contacter les entreprises, trouver de nouveaux clients, signer des contrats, autant de « domaines réservés » des dirigeants de ces sociétés qui mettent dans la balance tout le poids de leurs relations. Entre polytechniciens, on se rend volontiers quelques menus services... Quand il en existe un, ce qui est notamment le cas au Cap, le service commercial s'apparente davantage à un département technico-commercial chargé de préparer et de suivre les contrats en cours et de conseiller les prospects sur les approches possibles qu'à une véritable direction commerciale au sens où nous l'entendons aujourd'hui. *« Le commercial était le parent pauvre de la plupart des SSII* », résume aujourd'hui Jacques Arnould, l'un des fondateurs de Sesa... A dire vrai, dans un marché en plein essor et, de surcroît, encore très cloisonné par spécialités, on n'éprouve guère le besoin de systématiser la prospection. En tout cas pas encore...

A Sogeti en revanche, on n'a pas ce genre de retenue. Pour vivre et se développer, l'entreprise doit vendre le plus possible. « *Décroche du contrat* », enjoint donc Serge Kampf à José Bourboulon qui, en la matière, est en phase avec son patron. Les deux hommes n'ont-ils pas ferraillé ensemble, chez Bull, contre IBM ? N'ont-ils pas tous deux un brillant passé de commercial ? Convaincre le client, vendre des services, faire le siège des plus irréductibles, ils connaissent ! En outre, Serge Kampf et José Bourboulon n'ignorent pas qu'ils n'ont guère le choix : implantée en province quand la plupart de ses concurrentes sont basées à Paris à proximité des grands décideurs, arrivée tardivement sur ce marché, Sogeti doit redoubler d'efforts si elle veut rester dans la course. Mais d'une nécessité, Sogeti saura faire une force. Avec les finances, le commercial deviendra rapidement l'un des « nerfs de la guerre » de l'entreprise...

Sogeti s'organise

Tandis que José Bourboulon, du fond du petit bureau qui lui a été attribué, se met au travail – d'abord à mi-temps pour ne pas « charger la barque » puis à temps plein à partir du mois d'août –, contactant tout ce que la région de Lyon compte d'entreprises, d'industries et d'administrations, Serge Kampf, lui, s'emploie à organiser Sogeti. Sur la question, l'ancien directeur régional de Bull, par goût et par tempérament, a des idées, et même beaucoup. Son expérience passée lui a appris combien une bonne organisation est essentielle au développement d'une entreprise. « *Je ne suis pas un informaticien, je suis un organisateur* » aime-t-il d'ailleurs répéter... A peine sa société créée, le jeune patron va pouvoir utiliser pleinement ses talents. Les choix effectués seront décisifs…

A dire vrai, en ce début d'année 1968, alors que la société existe depuis cinq mois à peine, qu'elle ne cesse de décrocher de nouveaux contrats et que sa notoriété s'est étendue bien au-delà de Grenoble, il est urgent de s'attaquer à ce problème. L'enjeu tient en quelques mots : comment conduire dans de bonnes conditions des missions de plus en plus éloignées de Grenoble quand tous les moyens de l'entreprise sont concentrés en un seul lieu ? La solution est classique : il faut s'implanter sur place, à proximité des clients, en clair ouvrir des agences… Quant à l'occasion, elle est toute trouvée… En janvier 1968 en effet, Sogeti a signé avec une grande entreprise du canton de Genève un contrat d'assistance technique qui doit mobiliser au bas mot cinq techniciens pendant plusieurs mois. Beau contrat, assurément, mais aussi beau casse-tête en perspective. De Grenoble à Genève, il y a en effet plus de 150 kilomètres par la route. Un véritable périple à cette époque faute d'autoroute. Imposer des allers-retours quotidiens aux techniciens ? trop long et trop coûteux. Les loger à la semaine dans un hôtel de Genève ? trop coûteux également. Reste donc la solution de l'implantation directe sur place. En février, la décision est prise : c'est en Suisse que Sogeti implantera sa première agence.

En fait d'agence, c'est une vraie filiale que la société décide finalement d'ouvrir à Genève. Prévue pour l'été, l'opération doit être repoussée à des jours meilleurs en raison des événements de Mai 1968. Un coup dur pour Sogeti. A peine sortie d'une lutte fratricide pour le contrôle de son capital, voilà la jeune entreprise menacée d'asphyxie ! La société ne doit son salut qu'à certains de ses clients comme le CEA qui acceptent de payer les prestations non effectuées comme si de rien n'était… Il est vrai que Serge Kampf a eu la bonne idée d'envoyer ses hommes – qui eux, ne font pas grève – se présenter chaque matin aux grilles de Pierrelatte, fermées pour cause de mouvement social. Le CEA appréciera, permettant à Sogeti – qui dans l'affaire a eu une nouvelle fois très chaud – de sauver sa trésorerie. Avec le retour au calme qui suit la grande manifestation gaulliste du 29 mai, on peut enfin se remettre au travail. Le 1er septembre, soit avec trois mois de retard, la société Sogeti Suisse ouvre ses portes. Forte de 5 techniciens recrutés sur place, elle a pour directeur général Robert Thoral, un ancien de Bull lui aussi et que Serge Kampf est allé chercher chez un industriel de la région de Saint-Etienne où il se morfondait. Replongé dans le bain de l'informatique, l'homme fera bientôt merveille.

L'ouverture de la Suisse répondait à une demande précise. L'entreprise fera de même en France. Plutôt que d'expédier ses techniciens de Grenoble, Sogeti ouvrira désormais une agence dès l'obtention d'un premier contrat, à charge pour l'unité ainsi créée de « faire son trou » sur place. Les cibles prioritaires : les capitales régionales et les grandes villes provinciales, celles-là même où se trouve concentré le tissu économique du pays, administrations, petites et moyennes entreprises, industries en tous genres, toutes utilisatrices potentielles d'informatique. Mieux ! Le système s'autogénérera lui-même, fonctionnant sur le principe de la division cellulaire. Au départ, deux ou trois « fous » d'informatique, autodidactes ou passés par les constructeurs et emmenés par un directeur, s'installeront dans un studio ou un deux-pièces, sans luxe mais bien situé, d'où ils feront, sur le modèle de la maison mère, du forcing pour décrocher des contrats. De clients en clients, la petite agence grossira rapidement jusqu'à atteindre le chiffre fatidique de cinquante personnes. Il ne lui restera alors plus qu'à se diviser, une partie du personnel s'en allant créer, dans la même ville ou ailleurs, une nouvelle agence…

Etonnant phénomène de croissance organique dont les résultats sont spectaculaires : entre 1969 et 1972, Sogeti ouvre ainsi des agences à Lyon puis à Marseille, Dijon, Annecy, Lille, Bordeaux, Toulouse, Rennes, Nantes, Strasbourg. Moment essentiel dans ce processus : en 1970, Sogeti ouvre une agence à Paris. Une véritable consécration pour la petite provinciale qui vient ainsi chasser sans complexe sur le territoire de ses concurrents. Installée rue Royale dans un bureau sous les combles que lui loue la Sinorg, l'agence parisienne – qui compte au départ trois techniciens – fait très vite son trou : moins de six mois après sa création, elle travaille déjà pour Dior, Renault et L'Oréal... La filiale de Genève ne chôme pas non plus qui, deux ans après sa création et sur le modèle de sa maison mère, a essaimé à Bâle et à Zurich. En 1972 au total, le « groupe » Sogeti compte quatorze agences réparties entre la Suisse et la plupart des grandes régions françaises... Un bel exploit pour une entreprise qui a tout juste cinq ans...

A cette échelle, le pari est audacieux. Il a des conséquences très concrètes sur l'entreprise. Sur son profil d'abord. Au début des années 70, Sogeti n'est déjà plus la petite société grenobloise qu'elle était trois ans plus tôt. Par sa couverture géographique, elle est à présent une société nationale ou plutôt une entreprise « multiprovinciale » dont le fonds de commerce est constitué en majorité de PME-PMI et qui commence à faire parler d'elle. Sur sa personnalité ensuite. En bon organisateur qu'il est, Serge Kampf a en effet tout de suite compris qu'un réseau d'agences disséminées sur tout le territoire et situées parfois à 500 ou 600 kilomètres du siège ne pourra s'accommoder de règles trop pesantes et d'une organisation hypercentralisée. Son passage chez Bull lui a amplement démontré les risques qu'il y avait à unir trop étroitement le centre et la périphérie. Pour que la société marche et que les agences donnent le meilleur d'elles-mêmes, il faut, pense-t-il, promouvoir la solution exactement inverse, en somme jouer à fond la carte de l'autonomie et de la décentralisation. Une nouveauté, incontestablement, à l'échelle des traditions managériales françaises qui vouent au centralisme un culte au moins égal à celui de l'Administration...

Sur le terrain, le principe de décentralisation n'est pas un vain mot. A Rennes, à Strasbourg, à Lyon, à Paris, partout en France et en Suisse, le directeur d'agence endosse les habits d'un chef d'entreprise à part entière, doté de larges responsabilités. A lui l'obtention et l'exécution de ses contrats, les relations avec ses clients, la gestion de ses hommes – qu'il peut embaucher ou licencier sans en référer au siège – et le développement commercial. A lui aussi, et surtout, la tenue de son compte d'exploitation qui marque la véritable frontière entre une simple agence et une société à part entière... L'objectif ? Aux yeux de Serge Kampf, il s'agit de responsabiliser les directeurs d'agences et de les motiver en les rendant maîtres de leur destin... Comme si cela ne suffisait pas et pour stimuler davantage l'ardeur sur le terrain, le patron de Sogeti introduit un « moteur » supplémentaire. C'est la règle, fameuse en interne, des 60/20/20, qui limite à 60 % la partie fixe de la rémunération théorique des directeurs d'agences et à deux fois 20 % la partie variable. *« Votre salaire, c'est vous qui le ferez »*, explique Serge Kampf à ses troupes qui comprennent vite qu'avec cette règle, elles peuvent doubler ou tripler leur rémunération fixe.

On imagine sans peine les effets d'un tel système sur le terrain, de surcroît sur un marché déjà porteur en lui-même : forte de dix à cinquante personnes, l'agence devient en fait une machine à décrocher des contrats et le relais le plus efficace du « tout commercial » cher à Serge Kampf. Le challenge continuel, le dépassement de soi y sont des réalités quotidiennes ! A Paris comme en province, il n'est pas rare de travailler quinze heures par jour. Boucler un appel d'offre ou faire le « coup de feu » chez un client toute la nuit est monnaie courante. Normal quand l'enjeu n'est rien moins que votre chèque de fin de mois et que les meilleurs peuvent atteindre des rémunérations mensuelles de l'ordre de 100 000 de nos francs actuels ! La société y gagne ses galons de « grand » du software en France mais elle est en même temps très vite détestée par une concurrence que surprennent ses méthodes atypiques. Au Cap et ailleurs, on ne connaît plus les « Sogetiens » que par leur surnom – qui en dit long sur l'estime qu'on leur porte – de « cowboys » et on stigmatise volontiers les lacunes techniques et la rudesse des mœurs du « gang à Kampf ». Pour les techniciens et les informaticiens surdoués des grandes SSII françaises, l'affaire est entendue : les hommes de Sogeti sont des commerciaux dont l'activisme ne vise qu'à masquer leurs faiblesses techniques. Quant à Serge Kampf, le « meneur », on ne voit en lui qu'un ambitieux à qui il sera bien difficile de s'imposer dans le métier...

Il est vrai que, décidé à faire parler de lui et de sa société, le patron de Sogeti n'hésite pas à en rajouter dans le registre de la provocation. Témoin cette annonce qu'il rédige lui-même dans *Le Monde* du 16 janvier 1973 et qui porte sur le recrutement de vingt commerciaux. Des spécialistes de l'informatique ? Allons donc. Le mot est à peine évoqué. Ce que la société recherche, ce sont « *des hommes, des vrais ! Pas des rabougris, des minets immatures, des paresseux ni des arrivés, pas des comptables d'heures supplémentaires, pas des complexés, des inhibés, des anxieux, des bilieux dévorés d'inquiétude, des timorés. Pas des surnuméraires, des amateurs ou des bénévoles. Pas des fil-à-la-patte. Pas non plus des velléitaires, des tranche-montagnes, des braves à trois poils, des matamores, des hyperexcités ou des débraillés sympathiques. Pas des jambes molles, des délicats ou des fins de carrière, des soupçonneux ou des désincarnés ou bien encore des télépathes de l'action commerciale... mais des grands, des carrés, des solides, des énergiques, des efficaces, des hommes qui ont de l'estomac, du nerf, du cœur au ventre et du sang dans les veines, des hommes décidés, énergiques, disponibles. Des ogres* ». Un style viril et fonceur, voilà l'image que l'entreprise – qui, pendant longtemps d'ailleurs, ne comptera qu'une poignée de femmes – entend donner d'elle. Dans le monde un peu confiné des grands du service informatique, de pareilles annonces font en tout cas sensation et contribuent à la réputation un peu sulfureuse de Sogeti.

Les « Sogetiens », eux, n'en ont cure. « *On se marrait comme des tordus mais on travaillait comme des bossus* », résume aujourd'hui, en un raccourci saisissant, l'un de ces directeurs d'agence de la première heure qui se souvient, avec nostalgie, du temps où la comptabilité n'arrivait pas à suivre le rythme imposé et qui, par la suite, fit une carrière météorique. Car le système imaginé par Kampf a un autre avantage : il crée, au sein de chaque agence, un formidable appel d'air ascendant. Pour peu qu'il ne compte pas ses heures supplémentaires, qu'il se « défonce » dans sa mission et qu'il donne toute satisfaction à ses clients, l'ingénieur, l'analyste ou le programmeur a toutes les chances de passer directeur d'agence et celui-là patron de division... Proximité avec le client, prospection hyperactive, très large autonomie, possibilité de promotion rapide... Ce cocktail détonnant, quasi unique en France en cette fin des années 60, fera rapidement un malheur...

Sans doute Serge Kampf n'ignore-t-il pas qu'il faut à Sogeti des règles communes. On ne bâtit pas un groupe présent sur une bonne partie du territoire national en jouant uniquement la carte de l'autonomie. « *Il faut des garde-fous* », explique d'ailleurs l'entrepreneur à ses proches collaborateurs. Il est vrai que, dans un système très décentralisé et où les agences sont libres de faire à peu près ce qu'elles veulent pourvu que l'éthique soit respectée et que l'argent rentre, des dérives sont toujours possibles. Des « processus » existent donc qui visent à cimenter l'entreprise et à faire marcher tout le monde dans la même direction. Ce sont d'abord les « Rencontres ». Elles se tiennent pour la première fois en octobre 1968, à l'Alpôtel de Grenoble. S'y retrouvent, le temps d'un week-end, tous les salariés de l'entreprise (soit, à cette époque, 27 personnes, directeurs d'agence et secrétaires, commerciaux et techniciens) et leurs conjoints. L'occasion de prendre des nouvelles de l'entreprise, d'évoquer ses perspectives d'avenir, de faire le point sur les travaux en cours mais aussi, et surtout, de faire connaissance et d'échanger ses impressions. L'occasion, également, de faire la fête et de partager un long moment de détente dans une année généralement bien chargée. L'occasion, enfin, de s'informer sur les orientations prises par la direction de l'entreprise et, le cas échéant, d'en discuter le bien-fondé. Dès le départ en effet, Serge Kampf a décidé de faire des Rencontres un forum où seront prises, collectivement, les décisions engageant l'avenir de la société. Cette première expérience sera un réel succès si bien qu'elle sera renouvelée chaque année ou presque, les Rencontres constituant l'un des plus solides ciments de l'entreprise.

Et puis il y a les finances, « le nerf de la guerre » chez Sogeti. C'est dans ce domaine que les contrôles sont les plus contraignants. La question est tout entière du ressort de Serge Kampf qui, en la matière également, a des idées bien arrêtées. Si les agences sont libres de conduire leurs affaires comme elles l'entendent, elles se voient en revanche assigner des objectifs très précis en termes de chiffre d'affaires, de résultat d'exploitation, de fonds propres et de rentabilité. Des objectifs discutés une fois l'an, au siège, à l'occasion de grand-messes qui réunissent, autour de Serge Kampf, tous les patrons d'agence. Moment redouté, au demeurant, tant le patron met d'application à vérifier que les cordons de la bourse sont bien tenus. Quelques notes de frais prises au hasard dans telle ou telle agence et gare à celui qui ne pourra justifier une facture de restaurant ou qui aura abusé des déplacements en taxi ! Il en sera quitte pour un « savon » mémorable... Quant aux objectifs, ils sont rapidement fixés : « *Tu prends ton chiffre d'affaires de l'année précédente et tu le doubles* », lance à certains de ses directeurs d'agence un Serge Kampf qui sait que le défi est tout à fait possible pour peu qu'ils « *se bougent un peu* ». Sur le terrain en outre, chacun est prié d'appliquer les mêmes règles, le même langage et les mêmes méthodes, que ce soit en matière de comptabilité, de reporting, de notes de frais, d'heures travaillées ou de compte rendu de mission...

Manie du détail ? Plutôt souci de l'efficacité. L'objectif est d'aller vite et de réagir sans délai. « *Je veux, depuis mon bureau de Grenoble, pouvoir juger d'un seul coup d'œil la situation de telle ou telle agence afin, le cas échéant, de prendre les mesures qui s'imposent »*, explique Serge Kampf à ses collaborateurs. Pour cela, il dispose, au siège, d'un index imparable : le taux d'activité. Très simple dans son principe, il permet de mesurer tous les mois le temps facturé pour chaque collaborateur de l'entreprise et, à partir des informations ainsi recueillies, de connaître la marge opérationnelle de chaque agence. A comparer les résultats obtenus d'un mois à l'autre, Serge Kampf passe de longues heures dans le secret de son bureau. Quant aux directeurs d'agence, ils ne peuvent que constater avec stupéfaction, lors de leurs déplacements au siège, que leur patron connaît aussi bien sinon mieux qu'eux la situation réelle de l'unité dont ils ont la charge. A Grenoble comme dans les agences, il n'est d'ailleurs pas rare de recevoir, le mardi matin, une note écrite par Serge Kampf pendant le week-end et tapée le lundi par Odette Bernard-Colombat. Les « Notes du mardi » comme on les appelle bientôt d'un bout à l'autre de l'entreprise, passent en revue les grandes et les petites choses intéressant la vie de l'entreprise. Elles sont aussi l'occasion de cinglantes mises au point. *« M'avisant un lundi matin de téléphoner à 8 h 45 heures à l'agence de…,* indique ainsi l'une d'elles, *j'ai eu la surprise de n'obtenir aucune réponse. Une nouvelle fois, je me vois donc contraint de préciser qu'il faut que tous les collaborateurs de l'entreprise soient présents à leur poste à 8 h 30 tapantes. Le service dû à nos clients ne peut s'accommoder de ces petits retards qui dénotent un certain relâchement. Que ceux d'entre vous qui sont concernés – ils se reconnaîtront – prennent leurs dispositions pour arriver à l'heure »*. Une autre fois, le patron de Sogeti s'offre le luxe de diffuser dans toute l'entreprise une lettre écrite le dimanche précédent à la Préfecture de Grenoble dans laquelle il conteste, en trois pages dûment argumentées, une contravention reçue pour infraction au stationnement. *« Du Kampf tout craché »*, soupire aujourd'hui un collaborateur de la première heure…

Ce mélange de décentralisation mâtinée d'un contrôle vigilant est d'une efficacité redoutable. Les chiffres, de ce point de vue, parlent d'eux-mêmes : entre 1967 et 1971, le chiffre d'affaires de Sogeti passe de 1,5 million de francs de l'époque – un peu plus de 6 millions de francs 1999 – à 26 millions de francs – 126 millions actuels –, soit une croissance de l'ordre de 85 % par an, le résultat d'exploitation de 130 000 francs à 2,2 millions de francs, la marge nette de 60 000 francs à 1,2 million de francs et les effectifs de 5 à 136 personnes. C'est l'une des plus fortes croissances du secteur, avec celle de Sema dont le chiffre d'affaires croît au même rythme mais qui connaît alors des difficultés financières. L'activisme commercial, la présence sur le terrain, la rigueur budgétaire, une certaine façon de conduire les hommes... En moins de quatre ans, Serge Kampf a jeté les principales bases du développement de l'entreprise. Le temps est venu pour lui de se tourner vers d'autres cieux...

La course à la taille

Les nouveaux cieux en question ont pour nom diversification des activités et développement de nouvelles compétences. Tout, en cette époque charnière pour l'entreprise, pousse Serge Kampf à s'engager dans cette voie. Le contexte d'abord. Faisant suite à une décennie de reconstruction et de consolidation, les années 60 ont vu en effet les entreprises françaises s'engager massivement dans la quête de nouvelles activités parfois très éloignées de leur métier d'origine. Pas un secteur, une branche, une entreprise qui ne bruisse de rumeurs de rachats, d'acquisitions, de fusions ou d'absorptions. « *La course à la taille est engagée* » titre par exemple le *Journal des Finances* du 4 mars 1966 rendant compte, par une formule aisément généralisable, de la fusion de la Verrerie Souchon-Neuvesel et des Glaces de Boussois et de la naissance du nouveau groupe BSN. Un peu plus de deux ans plus tard, lorsque le même BSN tente de prendre de force la Compagnie de Saint-Gobain, l'opinion publique découvre la réalité des termes « OPA », « OPE » ou bien encore « taille critique » qui, depuis peu, peuplent les discours de tous les dirigeants de société.

Car le groupe dirigé par Antoine Riboud n'est bien évidemment pas seul en cause. De l'agroalimentaire à la métallurgie et la chimie en passant par la grande distribution, le bâtiment ou le textile, le mouvement est général et contribue à modifier en profondeur le visage du capitalisme français. Créditée de toutes les vertus, la diversification des activités est assurément dans l'air du temps.

Il n'est pas jusqu'aux SSII elles-mêmes qui ne soient entrées dans la danse. Ici aussi, l'époque est aux manœuvres, grandes ou petites. En 1964 on l'a vu, Sema a participé à la création de la SACS pour développer des activités de programmation tandis que, deux ans plus tard, le Cap s'est doté, en interne, d'un département conception de systèmes confié à un polytechnicien passionné d'informatique, Alain Lemaire. En janvier 1969, le secteur tout entier a été ébranlé par une tentative d'acquisition de Sema par la société américaine Leasco, une tentative qui s'est heurtée au veto de la Délégation à l'Informatique mais qui, pendant quelques semaines, a mis toute la profession en émoi, faisant dire à Robert Lattès, l'un des dirigeants de la société française, que *« de plus en plus les sociétés américaines achèteront dans nos domaines des entreprises européennes »*. En 1970, un nouvel acteur a fait son apparition sur le marché du service informatique, la Générale de services informatiques (GSI), née du regroupement de plusieurs petites SSII et qui va rapidement se hisser aux premiers rangs du secteur en France puis en Europe.

Le contexte a donc tout lieu d'inspirer Serge Kampf. Lui aussi croit aux vertus de l'effet de taille, incontournable dans un monde où la concurrence mais aussi l'évolution des besoins ne laissent guère d'autre choix que de grossir. Il l'expliquera sans ambages dans une interview donnée au *Journal de l'Informatique* en avril 1971 : « *Si elles veulent survivre,* affirmera-t-il alors, *les SSCI doivent abandonner l'artisanat éclairé et accéder à une taille véritablement industrielle. En raison de la croissance exponentielle des besoins à satisfaire, de l'importance des risques à prendre et de l'impossibilité de se limiter à des créneaux de marché, elles doivent au contraire fournir un service complet. Sans compter que la dimension industrielle est absolument indispensable pour mener une politique du personnel valable...* » « Taille industrielle », « dimension industrielle » : le patron de Sogeti affiche clairement ses ambitions. Elles sont d'autant plus réalistes que l'entreprise a largement les moyens de les satisfaire.

Car au tournant des années 70, Sogeti est une société riche, et même très riche ! En 1969, le cash-flow dégagé par l'entreprise représente quatre fois celui de 1968. L'année d'après, il a été multiplié par six. Sogeti, qui n'a cessé de faire des bénéfices depuis sa création, a les coudées franches pour agir. D'autant que, fidèle au principe qu'il a énoncé dès 1967, Serge Kampf s'est bien gardé de distribuer le moindre franc de dividende à ses actionnaires. Fort des moyens dont il dispose, l'entrepreneur a dès lors toute latitude de conduire le développement de l'entreprise comme il l'entend sans passer par les fourches Caudines des banques... « *Je me méfie des banquiers,* déclare-t-il d'ailleurs, un rien provocateur, dans l'interview mentionnée plus haut. *Ce ne sont ni des philanthropes ni des industriels. Du reste, toutes les SSCI qui ont passé des accords avec des banques ont eu d'assez graves difficultés à un moment ou à un autre...* » Pour financer sa croissance, Sogeti entend d'abord compter sur ses propres moyens !

Serge Kampf est d'autant plus à l'aise qu'il dispose d'une arme supplémentaire dont il va se servir à merveille : le capital. Depuis la crise de la fin de l'année 1967, l'entrepreneur est en effet propriétaire de 84 % des actions de Sogeti. Une participation énorme, sans équivalent ailleurs dans le secteur du service informatique, et qui constitue, entre des mains averties, un outil de premier ordre pour trouver des partenaires, nouer des alliances ou acquérir des entreprises. Par le simple jeu de l'achat et de la revente d'actions, de surcroît les actions d'une société en pleine croissance, Serge Kampf dispose d'un formidable levier de développement et d'une source importante d'argent frais. Le tout est de savoir s'en servir, d'en jouer habilement et, surtout, de ne pas porter atteinte au sacro-saint principe de l'indépendance qui, depuis 1967, est l'un des piliers de son action. Un jeu subtil au total, et non dépourvu de risques comme le montrera l'endettement personnel de Serge Kampf – qui, au milieu des années 80, s'élèvera à la somme colossale de 300 millions de francs ! – mais aussi le signe d'un véritable entrepreneur que n'effraient pas les risques et qui, dans la maîtrise de ce type d'opérations, atteindra rapidement à la perfection.

Ce procédé, l'entrepreneur y a recours une première fois, à l'automne 1968, en pleine période d'ouverture d'agences, lorsqu'il propose à Gemini Computer Systems, une SSII de droit américain créée cette année-là et qui est en train de se constituer un réseau en Europe, de prendre 20 % du capital de Sogeti. Les négociations sont facilitées par le fait que le patron de Gemini, à ce moment, n'est autre qu'André Charguéraud, l'ancien directeur général de Bull, l'ex-patron de Serge Kampf ! Les relations entre les deux hommes n'ont pas été affectées par la crise de la fin de l'année 1966 et c'est avec une certaine émotion qu'André Charguéraud revoit le jeune cadre dont, quelques années plus tôt, il ne cessait de vanter les mérites ! Un accord avec Sogeti ? L'idée le séduit qui lui permettrait de disposer d'une « tête de pont » sur le Vieux Continent. L'affaire est donc conclue le 28 octobre 1968. Dans la foulée, les deux partenaires élaborent des plans ambitieux pour mettre en commun leur savoir-faire et acquérir ensemble une tierce société (Seat).

Moins de trois mois plus tard, au début du mois de janvier 1969, Serge Kampf réitère l'opération, cette fois avec l'un de ses principaux concurrents, le Cap. A la prestigieuse SSII parisienne, le patron de Sogeti offre 10 % de Sogeti, assortis d'une proposition de collaborations sur certains projets ! Passé le premier moment de surprise, les dirigeants du Cap hésitent. Alors que Bertrand Assher, le président, se montre plutôt favorable à une opération qui leur permettrait *« d'avoir un pied dans la place »*, ses autres associés, et notamment Jacques Lescault, y sont franchement défavorables. « *C'est qui ce type ?* » aurait lancé à la cantonade un Lescault peu soucieux de voir le Cap perdre son temps avec un petit concurrent provincial. Serge Kampf est donc éconduit. Ce qui ne l'empêche pas d'aller voir successivement Jacques Lesourne, le patron de la Sema puis à New York la First National City Bank qui, à leur tour, repousseront poliment l'offre du jeune entrepreneur... On peut imaginer les regrets que durent éprouver, bien des années plus tard, ces partenaires pressentis... Reste que, pour l'heure, seule Gemini accepte le « deal » que lui propose le patron de Sogeti. Quand quelques mois plus tard, en octobre 1969, la société américaine, faute de réelle synergie, se décide finalement à revendre sa participation, Serge Kampf s'en porte immédiatement acquéreur... Précieusement mises en réserve, ces actions vont lui permettre de nouer de nouveaux partenariats dans le cadre des opérations de diversification qu'il projette...

Ces opérations, quelles sont-elles ? De l'amont à l'aval des métiers qu'elle pratique alors, trois possibilités de développement s'offrent à Sogeti : le conseil en organisation, le « facilities management » (l'actuelle infogérance) qui consiste, pour une société de services, à prendre en charge tout ou partie de la fonction informatique d'une entreprise, enfin, situés cette fois très en aval des métiers d'origine de Sogeti, la saisie et le traitement de données, ce qu'IBM appelle le « service bureau ». Trois métiers bien différents au total, encore qu'ils soient complémentaires, mais aussi, et surtout, trois univers totalement irréconciliables.

Entre les consultants en organisation et les informaticiens par exemple, les relations sont notoirement exécrables, les premiers considérant les seconds comme de vulgaires techniciens, ceux-ci stigmatisant à leur tour l'arrogance et l'incompétence des consultants. Pour l'informatique, qu'il surnomme la « *farce informatique* », Yves Bossard, le patron du principal cabinet conseil en organisation français, n'a ainsi que souverain mépris. Bref ! Entre les différents spécialistes, le climat est plutôt à l'affrontement. Or, à partir de la fin des années 60, Sogeti emprunte ces trois voies de façon quasi simultanée, « courant plus vite que le marché » pour reprendre l'expression d'un journaliste et développant une gamme de services sans équivalent dans le monde des SSII.

C'est par le *facilities management* que tout commence. En juin 1969, se tient à Lyon une réunion entre les dirigeants de Sogeti, ceux de la Cegos, une importante société de conseil en organisation, et ceux de Cofradel, un groupe alimentaire. Objet des pourparlers ? la création d'une société commune de traitement de l'information destinée à gérer l'informatique de Cofradel. C'est cette dernière qui est à l'origine de la rencontre. Née moins d'un an plus tôt de la fusion entre les sociétés Le Bon Lait et l'Economique d'Alimentation, l'entreprise, expliquent ses dirigeants, a hérité d'un parc d'ordinateurs très diversifié au sein duquel les machines Bull voisinent avec des IBM, des Siemens, des ICL et du matériel Honeywell ! Un véritable casse-tête technique pour la direction du groupe qui cherche d'urgence à unifier son système informatique.

En écoutant les explications de ses interlocuteurs, Serge Kampf ne peut s'empêcher d'éprouver une certaine satisfaction. Depuis toujours en effet, celui-ci est convaincu que les entreprises, et notamment celles qui, comme Cofradel, sont engagées dans des processus de fusion complexes, procéderont, faute de compétences et de personnels spécialisés, à l'externalisation de leur informatique pour la confier à des professionnels. L'idée, à vrai dire, n'est pas totalement neuve. Elle existe déjà aux Etats-Unis et, plus près, en Grande-Bretagne, où travaillent des sociétés spécialisées à l'image d'Hoskyns qui se hissera bientôt au premier rang européen sur ce marché. En France en revanche, aucune SSII n'offre encore ce type de prestations. Pour le patron de Sogeti, le contrat avec Cofradel est donc en tout point prometteur. « *Ce n'est que l'avant-garde d'une demande qui ne va pas cesser d'aller croissant*, annonce-t-il à qui veut l'entendre. *Imaginez les services que le* facilities management *peut, en ces temps de fusions et de restructurations, rendre à des entreprises qui ne connaissent pas grand-chose à l'informatique.* » Persuadé de tenir là un marché des plus porteurs, Serge Kampf va se dévouer corps et âme au projet…

Les discussions qui aboutiront à la création d'une filiale spécialisée sont longues et complexes. La Cegos ayant finalement décidé de se retirer, Sogeti et Cofradel se retrouvent seules pour mener à bien le projet. En septembre 1969, les deux partenaires décident de créer ensemble une société baptisée Hermès Informatique dont Cofradel sera actionnaire à 51 % et Sogeti à 49 %. Au passage, Serge Kampf propose à Cofradel les 20 % du capital de Sogeti qu'il vient de racheter à Gemini Computer Systems et que le groupe alimentaire s'empresse d'accepter. Nouvelle illustration du rôle que l'entrepreneur entend faire jouer à son paquet d'actions…

Dans les mois qui suivent, plusieurs événements importants surviennent qui conduisent à élargir considérablement ce projet initial. C'est d'abord, en février 1970, la prise de contrôle par Sogeti de la Solame (Société lyonnaise d'applications mécanographiques), une importante société de traitement à façon qui avait développé des « packages » permettant d'accélérer la mise en route des applications informatiques. C'est ensuite, en juin de cette même année, l'annonce par la Société lyonnaise de dépôts qu'elle se joint à Cofradel et à Sogeti pour participer à la constitution d'Hermès-Informatique, puis la décision prise par les Docks Lyonnais et le Groupe de Presse Dauphiné Libéré de filialiser leurs services informatiques au sein de cette dernière. C'est encore, toujours en juin, l'ouverture de négociations entre Sogeti et Infor, une jeune et très active société de traitement à façon que la mort récente de son fondateur a plongée dans le plus profond désarroi et qui, depuis, est à la recherche d'un partenaire... A la fin de l'année 1970, au terme de négociations marathoniennes, Serge Kampf est donc parvenu à agréger autour du noyau initial d'Hermès-Informatique plusieurs partenaires de poids et à créer autour de ce projet une véritable dynamique.

Le reste n'est plus qu'une question de formalités : le 1er janvier 1971, Infor, Solame et les départements informatiques de Cofradel, des Docks Lyonnais et du Dauphiné Libéré fusionnent pour donner naissance à la société Eurinfor (« Européenne d'Informatique »), société anonyme au capital de 3,3 millions de francs contrôlée à hauteur de 45 % par Sogeti, 45 % par Cofradel et 10 % par la Société lyonnaise de dépôts. De la nouvelle société, Sogeti, apporteur du savoir-faire informatique, détient les postes clés. Nommé président-directeur général d'Eurinfor, Serge Kampf choisit, pour prendre en main le contrôle de gestion de l'entreprise, son vieil ami Daniel Setbon, un expert-comptable diplômé de l'Ecole supérieure de commerce de Lyon, jusque-là responsable de clientèle dans un cabinet d'expertise comptable de Lyon et dont les compétences financières vont servir à point les projets de Serge Kampf. Autre tête connue : Jean-Baptiste Renondin. L'ancien directeur du marketing de Thomson-CSF qui, en septembre 1967, avait proposé à Serge Kampf un poste de directeur régional, fait son entrée à Eurinfor comme directeur délégué à Paris après un bref passage à la CII. Choix judicieux au demeurant : outre ses compétences professionnelles, ce Parisien dans l'âme apporte à l'entreprise son carnet d'adresses et ses nombreuses relations dans les milieux industriels – et aussi politiques – de la capitale. Quant à la direction technique d'Eurinfor, poste essentiel s'il en est, elle est confiée à Georges Vernais, un autre proche de Serge Kampf, venu lui aussi de Sogeti... Le 21 mai 1971, tout ce petit monde se retrouve à Marseille pour le premier comité de direction du « groupe » Sogeti-Eurinfor. Un mot qui a valeur de symbole...

La création d'Eurinfor marque l'aboutissement d'un pari. Un pari audacieux tant, on l'a dit, l'infogérance est alors une idée neuve en France. Pendant les quinze mois qu'auront duré les négociations, le patron de Sogeti aura dû batailler ferme pour convaincre ses partenaires de la viabilité du projet et désamorcer les méfiances qu'il n'a pas manqué de susciter. Confier son informatique, toute son informatique, à un prestataire extérieur, n'était-ce pas risquer, en effet, d'exposer tous ses secrets industriels et comptables ou, pire encore, de se livrer pieds et poings liés à une poignée de spécialistes ? Revenant sur cette opération quelques mois plus tard, à l'occasion de l'inauguration d'Eurinfor, le patron de Sogeti avouera d'ailleurs avec humour : « *Si j'avais ramassé les enchères à la sortie d'une assemblée aussi nombreuse que celle de ce soir, un béret basque, que dis-je ! une simple soucoupe, m'aurait sans doute suffi à collecter les mises...* » Serge Kampf peut à juste titre se vanter d'avoir « porté » un projet auquel bien peu de personnes croyaient deux ans plus tôt.

Eurinfor, en tout cas, constitue une vitrine de premier plan pour Sogeti. La nouveauté du projet, la qualité des partenariats noués en région lyonnaise, les moyens dont dispose Eurinfor à sa création – treize ordinateurs dont cinq Bull –, sans compter les locaux même où la filiale s'installe – un immeuble de prestige construit pour elle dans le nouveau centre de la Part-Dieu, à Lyon –, tout concourt à renforcer le poids de la société au sein de la profession et accroître sa crédibilité. L'opération est d'autant plus satisfaisante que la société démarre sur les chapeaux de roues, signe qu'une demande existe bien pour ce type de prestations. En 1971, à la fin de son premier exercice, Eurinfor enregistre déjà un chiffre d'affaires de 18 millions de francs et emploie 275 personnes, soit deux fois plus que Sogeti. Une croissance spectaculaire qui permet à l'entreprise d'ouvrir, sur le modèle de Sogeti, des agences à Paris, Lyon, Annecy, Valence, Mâcon, Grenoble et Marseille, puis de développer, à partir du savoir-faire de Solame, toute une série de packages d'applications dans les domaines de la paie, de la comptabilité et de la facturation. En ce début des années 70, le Groupe Sogeti a décidément le vent en poupe...

D'autant que l'infogérance n'est pas la seule voie que prend l'entreprise pour diversifier ses métiers. Tout en peaufinant les accords avec ses partenaires lyonnais, Serge Kampf se tourne vers une autre activité dont il attend beaucoup : le conseil en organisation. L'idée que ces deux activités sont complémentaires et ont vocation à marcher ensemble est, chez le jeune entrepreneur, une conviction ancienne et fermement ancrée. Dès les premiers mois de Sogeti, Serge Kampf explique d'ailleurs à qui veut l'entendre que l'avenir des SSII passera par le conseil et que le métier de Sogeti tel qu'il l'entend prendra la forme d'un *triangle magique* associant de manière étroite le client, l'informaticien et l'organisateur. Reste à mettre cette idée en musique...

Cette fois, ce n'est pas par la création d'une filiale que Serge Kampf procède mais par une association en bonne et due forme avec un cabinet-conseil : OBM. Un partenaire de choix, en vérité. Fondé au lendemain de la Seconde Guerre mondiale par Pierre Michel, Yves Bossard et Jean Bossard, OBM – pour Organisation Bossard Michel – est alors, avec près de 250 consultants, le premier et le plus prestigieux des cabinets d'organisation français. La rencontre entre ce grand nom du conseil et la jeune SSII en pleine croissance est le fruit du hasard. Depuis 1966, il se trouve en effet que l'antenne Rhône-Alpes de Bossard est installée à Grenoble, dans l'immeuble que Serge Kampf choisira, l'année suivante, pour y installer Sogeti. Sur place, une poignée de consultants, emmenés par un jeune docteur en physique, Michel Berty, font le tour des entreprises pour leur proposer de les aider à s'organiser. Et en ces temps de fusions, d'OPA et de diversification, le travail ne manque pas... A force de se croiser, le matin et le soir, dans le hall ou entre deux ascenseurs, les consultants de Bossard et les informaticiens de Sogeti finissent par faire connaissance si bien que, dans le courant de l'année 1968, Michel Berty profite d'un passage d'Yves Bossard dans la région pour lui présenter Serge Kampf.

« *Il faut nous associer, faire quelque chose ensemble* », propose d'emblée le patron de Sogeti à son interlocuteur. Entre les deux hommes, le courant, incontestablement, passe bien. Pas assez cependant pour désarmer les méfiances du patron d'OBM. Toujours aussi remonté contre les informaticiens, échaudé par un rapprochement tenté en 1965 avec la Compagnie générale d'organisation, Yves Bossard décline l'offre de partenariat que lui fait son jeune confrère. Déçu, Serge Kampf n'attendra pas longtemps avant de revenir à la charge : dans le courant de l'année 1970, profitant du refus opposé par Yves Bossard à une deuxième offre de rapprochement présentée par la CGO, il propose à nouveau une alliance entre les deux sociétés. Cette fois, le patron d'OBM se laisse tenter. La pression de ses consultants, la prise de conscience qu'il lui faudra, tôt ou tard, intégrer une dimension informatique au sein de ses métiers mais aussi le succès que rencontre Sogeti, tout le convainc de sauter le pas et de s'allier avec elle.

Le 14 décembre 1970, les deux entreprises signent un accord de collaboration prévoyant notamment la réalisation en commun de certains contrats. Sur le papier, l'opération est prometteuse qui donne naissance à un « grand » du conseil et du service : « *Les sociétés de conseil aux entreprises et de gestion d'ordinateurs qui composent les deux groupes forment un ensemble qui se situe au tout premier rang de la profession avec 70 millions de francs de chiffre d'affaires annuel. Elles comp-*

tent plus de 1 600 références en France dont 600 dans la seule région Rhône-Alpes » analyse ainsi, avec un bel optimisme, *Le Progrès* dans son édition du 8 décembre 1970. Dans les faits toutefois, cet accord, hautement prometteur mais très souple et qui n'engage personne, n'aura guère de retombées. Toujours aussi peu convaincu, Yves Bossard prend garde en effet de ne pas trop se lier avec des informaticiens et ne fait pas grand-chose pour donner corps à ce partenariat. Serge Kampf n'en a pas moins réussi à concrétiser une intuition dont l'avenir devait démontrer le bien-fondé. Surtout, Sogeti a mis un pied dans Bossard, ce qui devait prendre tout son sens quelques années plus tard...

L'infogérance, le conseil... Deux pas essentiels, menés tambour battant, dans le processus de diversification des activités de Sogeti. Mais Serge Kampf ne s'en tient pas là. Dans la foulée, ou plutôt en parallèle, il engage son entreprise dans deux nouvelles voies complémentaires de ses métiers : la saisie et le traitement de données, et la formation. Dans le premier cas, Serge Kampf agit en achetant coup sur coup, entre 1970 et 1973, trois sociétés de traitement de données : l'une située à Grenoble, Sorgas, la seconde, Perfo-Services, implantée à Genève, et la troisième, Sesi, située à Lyon et dont le créateur est un certain Roger Caille, qui, un peu plus tard, s'en ira créer Jet Services dont il fera l'un des leaders du transport du petit colis en Europe. A partir de ces trois entités, Serge Kampf édifie un véritable pôle saisie et traitement de données qui, en 1973, représente une quinzaine de centres de traitement et plus de trois cents postes de saisie. Quant à l'activité formation, elle se concrétise par la création, en janvier 1971, d'une société spécialisée, Sogeti-Formation. Ses prestations ? proposer aux clients de l'entreprise des séminaires de formation aux langages de l'informatique, aux méthodes d'analyse et à la programmation mais aussi former des informaticiens qui constitueront ensuite le noyau de véritables directions informatiques au sein des sociétés. Dirigée par un surdoué de l'informatique, ancien ingénieur en chef chez Sema qui, en 1970, avait pris en charge l'agence Sogeti de Paris, Thuy Nguyen-Cong, Sogeti-Formation se veut la première pierre d'un projet beaucoup plus ambitieux destiné à se déployer dans toute la France...

Moins de cinq années au total ont donc suffi à Serge Kampf pour bâtir un véritable groupe de « software ». Menée tambour battant, la diversification des activités de la société s'est faite essentiellement à coups d'acquisitions et de partenariats avec, comme objectif, de parvenir très vite à une taille suffisante pour s'imposer sur le marché. La logique industrielle est évidente. Elle constitue, dans le secteur du service informatique de l'époque, l'apport essentiel de Serge Kampf. De la matière grise à la commercialisation de packages d'applications, Sogeti est désormais positionnée sur une filière très large qui va bien au-delà du seul service informatique. Le poids et la dimension qu'elle a atteints en font désormais un acteur incontournable au sein du secteur des SSII.

Sous le signe du Plan Calcul

Lorsque s'ouvre l'année 1973, Serge Kampf a donc toutes les raisons d'être satisfait du chemin parcouru. Pesant 52 millions de francs de chiffre d'affaires – contre 39 en 1972 et 26 en 1971 – et employant 647 personnes (502 en 1972, 391 l'année précédente), Sogeti est une machine bien rodée qui tourne, gagne de l'argent, affiche clairement ses ambitions et joue dans la cour des grands. Impressionnant, assurément, pour une entreprise créée cinq ans plus tôt...

« Grand » du service informatique, Sogeti, ou plutôt le Groupe Sogeti, l'est sans conteste, au point d'intéresser de plus en plus de monde. La concurrence d'abord. Serge Kampf a beau décrire Sogeti, au début des années 70, comme une « *société provinciale où on a le caractère paysan* », le Cap, Sema, Sesa et les autres n'en gardent pas moins un œil attentif sur les initiatives venues de Grenoble et modèrent un peu leur jugement concernant l'entreprise. A défaut d'aimer Sogeti, on la respecte. D'ailleurs, Serge Kampf et ses homologues se croisent de temps à autre au Syntec-Informatique, la branche informatique du syndicat des bureaux d'étude où se retrouvent les principaux acteurs du secteur et à laquelle Sogeti a fini par adhérer. Là aussi, à défaut de s'apprécier véritablement, du moins se parle-t-on...

Mais bien davantage que la concurrence, c'est l'Administration qui s'intéresse le plus à Sogeti en ce début des années 70. Les opérations de diversification, et surtout la création d'Eurinfor, ont en effet contribué à attirer l'attention des responsables de la Délégation à l'Informatique sur cette entreprise grenobloise devenue, en l'espace de quelques années, un acteur majeur du secteur. A Paris rue du Cherche-Midi, siège de la Délégation, l'idée d'un dialogue avec l'entreprise s'impose rapidement. « *Le Groupe Sogeti*, indique ainsi une note confidentielle remise au Délégué à l'Informatique en mai 1971, *est sans doute l'une des rares grandes sociétés européennes à être restée financièrement indépendante et nous pensons que l'aide de la Délégation est indispensable au maintien de son indépendance... Cette note peut ainsi devenir l'instrument premier d'un dialogue permettant de préciser la contribution que la Délégation est disposée à apporter au Groupe Sogeti.* » C'est que la Délégation et son chef, Maurice Allègre – qui a succédé très vite à Robert Galley – ont des projets concernant le secteur du service informatique. En mars 1968, à l'occasion d'un Comité interministériel, le Délégué n'a-t-il pas fait adopter une motion dans laquelle on peut lire : « *Il est nécessaire que se développe une industrie française puissante spécialisée dans les techniques d'application de l'information (software)* » ? Moins d'un an plus tard, en janvier 1969, la tentative de Leasco sur Sema a démontré l'urgence d'un tel objectif. Plus largement, cette ambition s'insère dans le projet de créer un véritable secteur informatique en France dont la CII a été la première pierre. L'essor très rapide de

Sogeti, et surtout son indépendance capitalistique – dont les fonctionnaires de la Délégation ont tout de suite vu qu'elle constituait l'un de ses principaux atouts – la désignent tout naturellement pour jouer un rôle majeur dans ce processus...

Entre la Délégation et Sogeti, Serge Kampf et Maurice Allègre, les relations prennent donc très vite un tour cordial. Conscient des atouts dont dispose la jeune SSII, Maurice Allègre ne lui marchande pas son soutien moral. En avril 1971, le Délégué à l'Informatique préside ainsi à l'inauguration des nouveaux locaux de Sogeti Paris sis rue des Entrepreneurs dans le XVe arrondissement. Deux ans plus tard, en juin 1973, Maurice Allègre est à nouveau présent aux Rencontres que Sogeti organise à Djerba, en Tunisie, sur le thème des relations entre les constructeurs et les SSCI. A cette réunion où se retrouvent plus de 400 personnes parmi lesquelles on compte notamment, outre tous les salariés de Sogeti et leurs conjoints, Michel Barré (CII), Maxime Bonnet (Honeywell-Bull), Roger Oubert (ICL), Bertrand Imbert (Control Data), Nicolas Manson (IBM), Laurent de Vilmorin (Software International), Michel Jalabert (Gemini), Gérard Hauser (Philips) sans compter une brochette de journalistes et la plupart des dirigeants des SSII françaises, la Délégation à l'Informatique apporte un soutien officiel. Rendant compte, dans son édition du 12 juin 1973, de cette manifestation, *01 Hebdo* en fait le commentaire suivant : « *Imaginez une SSCI déplaçant son personnel sous les cieux particulièrement cléments de Djerba-la-Douce et réunissant le plus brillant plateau de personnalités du monde de l'informatique que l'on ait vu depuis longtemps... Luxueuse opération de relations extérieures frisant l'autosatisfaction jugeront les uns, initiative audacieuse témoignant d'une solide dose d'imagination apprécieront les autres. N'empêche : la majorité des personnes interrogées à l'heure du bilan se sont accordées à reconnaître l'intérêt d'une manifestation à laquelle la Délégation à l'Informatique elle-même a apporté son concours* ».

Quelques mois plus tard, en septembre 1973, Maurice Allègre est à nouveau présent, cette fois pour l'inauguration des locaux d'Eurinfor à Lyon. A cette occasion, il ne manque pas de tirer son chapeau à Sogeti, « *cette entreprise qui nous a prouvé qu'il était possible de développer une société ailleurs que de Paris, possible de gagner de l'argent dans le domaine du service informatique, possible enfin d'en gagner dans le traitement* ». Hommage bienvenu pour Sogeti qui se voit en outre confier, avec d'autres, le développement de certains des logiciels nécessaires aux matériels de la CII. De son côté, Serge Kampf joue le jeu. Dans le cadre d'Eurinfor, il accepte par exemple de commander un Iris 60, l'un des tout premiers ordinateurs mis au point par la CII. Les performances techniques de l'appareil s'avéreront pourtant très médiocres au point que Georges Vernais, le directeur technique d'Eurinfor, s'exclamera un jour, avec humour : « *Tiens, il est tombé en marche !* » L'entretien de bonnes relations avec la Délégation exigent bien quelques sacrifices…

Mais au-delà de ces « politesses », la rue du Cherche-Midi a des projets plus ambitieux pour Sogeti. Convaincu de tenir, avec Sogeti, un maillon essentiel dans la création d'une informatique nationale, Maurice Allègre cherche à faire de l'entreprise le noyau central d'une réorganisation plus vaste du secteur. En février 1973, afin de contrecarrer un projet de la Chambre de commerce et d'industrie de Paris qui envisage de se doter de matériels informatiques américains, la Délégation à l'Informatique pousse Eurinfor et la société Soref, une SSCI installée à Saint-Malo, à constituer une filiale commune ayant pour mission de gérer l'informatique de la Chambre de commerce. Ce sera la société Sorinfor, créée en octobre et dont la direction sera confiée à José Bourboulon puis à Jean-Baptiste Renondin. Surtout, la Délégation à l'Informatique cherche à marier la filiale services informatiques du Commissariat à l'énergie atomique, la Compagnie internationale des services informatiques (Cisi), avec Sogeti afin de créer un pôle français incontournable dans le domaine. L'affaire se noue à l'été 1973 après une rencontre entre Serge Kampf et André Giraud, le patron du CEA, et au terme de discussions difficiles. Fort de l'appui de son administration et poussé par la Délégation, André Giraud a en effet exigé de prendre la majorité de Sogeti. Exigence inacceptable pour Serge Kampf. Assisté de Daniel Setbon, qui vient tout juste de quitter le contrôle de gestion d'Eurinfor pour prendre en main la direction financière de Sogeti, et conseillé par Bruno Roger de la Banque Lazard, le patron de Sogeti n'entend pas renoncer à son indépendance et propose 20 % seulement. Les deux parties se disputent en outre sur la valorisation de l'ensemble Sogeti-Eurinfor : 70 millions de francs comme l'affirment Serge Kampf et Lazard, ou moitié moins comme le prétendent le CEA et la Société Générale ? Ce sera finalement 54 millions de francs, une somme de toute façon très importante pour le secteur. Signé en juillet sur la base de cette estimation, l'accord prévoit finalement que la Cisi entrera dans le capital de Sogeti à hauteur de 34 % et prendra aussi une participation équivalente dans le capital d'Eurinfor. Un investissement de 18 millions auquel, curieusement, l'entreprise publique ajoute 6 millions de francs supplémentaires pour Eurinfor. Est-ce pour mieux faire passer la pilule ? Car à côté du volet strictement financier de l'accord, celui-ci prévoit également que Sogeti consentira une option d'achat sur la totalité des actions qu'elle possède dans Eurinfor à faire valoir avant le 31 juillet 1975. En clair, Sogeti sacrifie sa filiale d'infogérance pour sauvegarder sa propre indépendance. Amère pour Serge Kampf et ses collaborateurs, cette disposition n'en donne pas moins à Sogeti, par la revente d'une partie de son capital, les moyens pour mener à terme une opération de tout premier plan qu'elle s'apprête à finaliser et qui va bouleverser le paysage du service informatique en France : l'acquisition du Cap.

Cap, Gemini, ou la seconde naissance

Les choses commencent un peu par hasard au début de l'année 1973 lorsque José Bourboulon, qui a des « antennes » un peu partout, apprend par l'un de ses cousins qui travaille chez Suez qu'un des actionnaires du Cap cherche à vendre ses actions. L'actionnaire en question n'est pas n'importe qui : il s'agit de la banque La Hénin, filiale de Suez, l'un des poids lourds de la banque française. Depuis 1967, celle-ci détient dans le Cap une participation, minoritaire mais non négligeable, de 15 %. Un placement dont la banque n'a pas eu à se plaindre : pendant sept années, elle a touché de confortables dividendes, observant avec satisfaction le développement des affaires. Une bonne opération… jusqu'à ce jour de janvier 1973 où la banque, inquiète des dissensions qui se font jour dans l'équipe dirigeante du Cap, décide soudain de se désengager et se met en chasse d'un acquéreur potentiel.

Pour comprendre cet événement qui aura bientôt des conséquences majeures sur Sogeti, un bref retour en arrière s'impose. Fondée, on l'a dit plus haut, en 1962 par Bertrand Asscher, Jacques Lescault et Charles Boch – rejoints plus tard par Jean Citry, un informaticien – pour vendre de la programmation à façon, le Centre d'analyse et de programmation avait connu un démarrage très rapide, s'imposant en quelques années comme l'un des acteurs majeurs du secteur des SSII en France. Peu présent en province, où il n'avait ouvert que deux agences, le Cap avait en revanche pris très tôt le virage de l'international lorsque, découvrant par hasard qu'il existait en Grande-Bretagne une société portant le même nom que lui, les deux jumelles avaient décidé de créer une filiale commune. Lancée en 1966 sous le nom de Cap Europe, cette filiale avait été confiée à Philippe Dreyfus, l'inventeur du mot informatique, jusque-là chez Control Data et recruté pour sa parfaite connaissance de l'anglais. En l'espace de cinq ans, Cap Europe avait ouvert des agences en Belgique, en Suisse, en

Allemagne et en Hollande. Ce développement très précoce hors de l'Hexagone avait contribué à asseoir encore davantage la position et la notoriété du Cap au sein du secteur du service informatique en France. Au début des années 70, le Cap employait 500 personnes et générait un chiffre d'affaires de l'ordre de 70 millions de francs. Société prestigieuse, forte d'un très beau portefeuille clients qui comptait la plupart des grands groupes français, le Cap bénéficiait d'une excellente réputation, due à la qualité de ses équipes et à son savoir-faire technique, incontestable.

C'est précisément cette croissance très rapide qui avait contribué à dresser les uns contre les autres les dirigeants de l'entreprise. Déjà, quelques années après la fondation de la société, Charles Boch, en désaccord avec ses associés sur la stratégie à suivre, avait choisi de jeter l'éponge, laissant face à face Bertrand Asscher et Jacques Lescault. Avec l'arrivée de Jean Citry, deux blocs s'étaient formés : d'un côté Bertrand Asscher, président en titre et partisan d'un développement rapide fondé sur la diversification des activités de l'entreprise, de l'autre Jacques Lescault, Jean Citry et bientôt Philippe Dreyfus, adeptes d'une progression plus lente et qu'effrayaient quelque peu les ambitions du premier. Comme pour Sogeti à ses débuts, il n'est pas impossible non plus qu'à ces divergences de fond, se soient ajoutés des désaccords plus personnels concernant la répartition des pouvoirs au sein de l'entreprise. Toujours est-il qu'en 1972, le climat était devenu à ce point irrespirable que Bertrand Asscher, après avoir tenté de s'appuyer sur Suez pour contrer ses associés, avait été mis en minorité lors d'une assemblée générale et contraint de céder son fauteuil de président à Jacques Lescault. Cet événement, puis l'échec cinglant d'un contrat signé avec une filiale de Suez, avait précipité le dénouement : au début de l'année suivante, la banque La Hénin, qu'inquiétait la dégradation rapide du climat au sein du Cap, décidait de se retirer. Les choses, à partir de ce moment, devaient aller très vite.

Informé par José Bourboulon de l'opportunité qui se présente, Serge Kampf décide en effet de se porter immédiatement acquéreur de la participation de La Hénin sans attendre le résultat des négociations en cours avec la Cisi. Le coup, assurément, est audacieux. Il constitue une première dans un secteur qui ne conçoit ce type d'opérations que si elles sont amicales et dûment négociées par les deux parties. Dans l'esprit du patron de Sogeti cependant – qui ignore tout ou presque des dissensions qui agitent le Cap –, il ne s'agit aucunement, à ce moment, de prendre le contrôle du Cap. Un tel objectif paraît bien inaccessible. Sans doute Serge Kampf n'ignore-t-il pas que, dans le secteur du service informatique, l'heure, depuis quelque temps, est à la concentration. Ainsi en 1972, la BNP, via sa filiale de services informatiques Natio-Informatique, a acquis les activités de services de la compagnie Honeywell-Bull tandis que le Crédit Lyonnais a repris Sligos. Quant au CEA, déjà présent, on l'a vu, dans le capital de Sogeti et d'Eurinfor, il s'apprête à prendre le contrôle de la Société d'informatique appliquée, la SIA. L'avenir semble donc aux structures importantes et, en ce début des années 70, le secteur informatique tout entier bruisse de nombreuses rumeurs de fusions et d'acquisitions… Pour autant, les objectifs de Serge Kampf sont plus modestes. Son idée, en s'invitant dans le capital du Cap, est de contraindre son concurrent à développer avec Sogeti des collaborations techniques sur des sujets très spécifiques. Le patron de Sogeti n'est sans doute pas mécontent non plus de faire irruption dans une société qui, quatre ans plus tôt, avait snobé sa proposition de prendre 10 % du capital de Sogeti. Reste que, prudent quant aux suites à donner à cette opération, Serge Kampf prend soin d'acquérir ces 15 % à titre personnel… et au prix d'un nouvel alourdissement de son endettement personnel ! L'opération est finalisée en mars 1973.

Pour être modeste, l'arrivée, totalement inattendue, de Serge Kampf dans le capital de leur société prend de court les dirigeants du Cap et fait l'effet d'une bombe au sein de l'entreprise. A l'exception d'Alain Lemaire, un polytechnicien recruté en 1967 pour prendre en main le département conception de systèmes créé cette année-là, et de quelques autres, l'immense majorité des cadres voit d'un très mauvais œil l'entrée par effraction du commercial Serge Kampf dans ce temple de la technique qu'est le Cap. Au sein de l'entreprise en effet, on n'oublie pas que Sogeti est d'abord un concurrent et que c'est ce même concurrent qui, deux mois plus tôt, a signé au nez et à la barbe du Cap, également intéressé, un accord de coopération avec une SSII espagnole, Eria, qui lui a consenti 10 % de son capital. On n'oublie pas également le litige qui, l'année précédente, avait opposé les deux entreprises lorsque, voulant présenter les résultats de Sogeti, Serge Kampf avait, non sans provocation, fait paraître dans la presse un encart annonçant que Sogeti avait *« dépassé le Cap des Bonnes-Espérances »* ! L'affaire, à l'époque, avait débouché sur un procès en concurrence déloyale que le Cap, bien que défendu par Robert Badinter, futur garde des Sceaux de François Mitterrand, avait perdu... En somme, les relations entre Cap et Sogeti étaient tout sauf amicales...

Pour une fois d'accord entre eux, Bertrand Asscher – toujours propriétaire d'une large fraction du capital –, Jacques Lescault, Jean Citry et Philippe Dreyfus n'ont cependant guère la possibilité de s'opposer à l'opération. Contre toute attente en effet et à l'encontre de la plus élémentaire prudence, les fondateurs du Cap ont omis de prévoir un agrément pour l'entrée d'un nouvel associé ! Lacune invraisemblable, incompréhensible même, qu'explique peut-être un excès de confiance et que les dirigeants de Sogeti découvrent tout à fait par hasard en faisant une enquête de routine sur le Cap au greffe du tribunal de commerce ! Elle a en tout cas pour effet d'ouvrir à Serge Kampf les portes du Cap et d'introduire le loup dans la bergerie.

Fin de l'acte ? les choses, assurément, auraient pu en rester là. En ce début d'année 1973 en effet, avec 15 % seulement de son concurrent, Serge Kampf ne pèse pas bien lourd face au bloc des dirigeants du Cap, Asscher, Lescault, Citry et Dreyfus qui, à son entrée, s'est vu attribuer 10 % du capital. Des développements en commun ? Le Cap aurait eu toute latitude de les accepter ou de les refuser. Si elle constitue un bon placement financier, l'initiative de Serge Kampf est donc loin d'être viable d'un point de vue strictement « industriel ». C'est compter sans ces fameuses dissensions...

Brutale, la sortie de La Hénin a en effet contribué à aggraver encore davantage les tensions au sein du Cap. Désormais, c'est l'ensemble du management qui est divisé sur la stratégie à suivre, entraînant une paralysie *de facto* d'un grand nombre de projets. Le deuxième acte intervient en avril 1973. Définitivement écarté de la direction de l'entreprise, en très mauvais termes avec ses associés, Bertrand Asscher choisit à son tour de jeter l'éponge et d'aller tenter sa chance ailleurs. Averti de l'opération, Serge Kampf propose à l'ancien président du Cap de lui reprendre l'intégralité de ses parts, soit 34 % du capital. Bertrand Asscher, hésite avant de se décider à accepter l'offre. L'opération est finalisée le 25 juillet 1973, au profit, cette fois, de Sogeti. A l'été 1973, l'entreprise et son fondateur se retrouvent ainsi détenir ensemble 49 % du capital du Cap. Pas tout à fait la majorité sans doute. Mais une position largement dominante. Le mardi 28 août, lors d'un déjeuner en tête à tête à la Grande Cascade, Serge Kampf n'a plus qu'à annoncer à Jacques Lescault qu'il est devenu un acteur incontournable au sein de l'entreprise qu'il dirige. Furieux, le président du Cap lâche alors à son interlocuteur un *« je vous hais »* glacial. Les négociations n'en sont pas moins engagées.

Elles seront longues, tendues et parfois pénibles. Pendant plusieurs mois et dans le plus grand secret, aux domiciles des uns et des autres ou dans les salons particuliers des grands hôtels parisiens, Serge

Kampf et son équipe tentent de persuader Jacques Lescault, Philippe Dreyfus et Jean Citry de l'intérêt d'un rapprochement entre les deux entreprises, qui, expliquent-ils à leurs interlocuteurs, donnerait naissance à la première SSCI française. L'alliance des commerciaux de Sogeti et des techniciens du Cap ? L'idée met quelque temps à séduire les dirigeants de ce dernier. Au départ figées – 49 % d'un côté, 51 % de l'autre –, les positions évoluent très lentement. Dans l'affaire en réalité, le rapport de force est plutôt favorable au bloc Sogeti-Kampf. Avec 49 % du capital du Cap, l'entreprise et son dirigeant sont en effet les premiers actionnaires du Cap, loin devant Lescault et ses 33 %. Le pouvoir de nuisance qu'un tel poids comporte – refus d'approuver les comptes, de voter les résolutions et autres blocages du même type… – n'échappe pas aux dirigeants du Cap. Ceux-ci sont également conscients des ravages qu'a provoqués, au sein de l'entreprise et sur sa réputation, la guerre fratricide entre les associés. Alors, en mars 1974, de guerre lasse, ils se décident à céder leurs actions à Sogeti. De nouveaux efforts seront nécessaires pour convaincre le personnel, hostile lui aussi au rapprochement, d'adhérer au projet. Il faudra pour cela que Serge Kampf, lors d'un « one-man show » mémorable au palais des Congrès, seul face aux 600 collaborateurs du Cap et dans une atmosphère électrique, s'engage personnellement à ne licencier personne et à rédiger un nouveau statut reprenant les avantages des deux sociétés. Le 5 juin 1974 enfin, les deux entreprises fusionnent pour donner naissance au groupe Cap Sogeti. Les réactions à l'opération sont mitigées. Si, dans la profession, certains ne manquent pas de stigmatiser cet étonnant mariage – « *C'est le mariage de la carpe et du lapin* », entend-on ici ou là –, la presse, elle, accueille favorablement cette nouvelle restructuration dans le secteur des services. « *Cette concentration des entreprises amorcée sur le marché des services informatiques rend délicate la survie des sociétés de taille moyenne. La concurrence devient vive et il leur est difficile de lutter contre les nouveaux géants* » analyse ainsi, très lucidement, *Le Monde* du 8 juin, saluant au passage la naissance de la première SSCI française.

Ce même jour, dans un texte étonnant adressé à ses troupes et intitulé « *La bourse ou la vie ou l'entreprise en quête de joie* », Serge Kampf tire la philosophie des événements passés et adresse quelques mises en garde à ses collaborateurs. « *Chacun sait, écrit-il, ce qu'il nous faut éviter. Chacun comprend qu'il ne faut pas qu'en se rassemblant, les hommes deviennent petits, qu'il faut que la conviction devienne la loi des hommes, qu'il faut que les patrons de cette société, qui ont connu dans leur jeunesse la griserie du commandement puis la satisfaction d'une situation financière confortable, trouvent dans la constante amélioration de leur entreprise les nouvelles raisons de leur activisme ; qu'ils sachent – ne se faisant ni les ennemis du profit ni les remparts du capital – s'intéresser moins à la Bourse* (de leurs actions) *qu'à la Vie* (de leurs collaborateurs). *Qu'ils s'efforcent, sans rien abdiquer de leur personnalité, de continuer à exercer leurs responsabilités sans éclats de voix, de consacrer un temps illimité à discuter, à négocier et à convaincre, de s'armer en un mot des qualités du politique en plus de celles de l'entrepreneur ; et ceci ne serait-ce que parce que l'entreprise capitaliste est par nécessité en train de devenir une pré-démocratie… Alors sachons rester sur les sommets, sachons tendre une corde au-dessus de l'abîme, sachons faire que la légende de notre belle aventure ne se consume pas dans les feux de la gloire.* » A l'heure où Sogeti vient de franchir un pas majeur de son histoire, son patron privilégie délibérément la carte de la modestie. Toute la culture d'entreprise du futur groupe Cap Gemini est contenue dans ces lignes…

En juin 1974, Sogeti n'en a pas pour autant tout à fait terminé avec le Cap. Reste en effet à régler le cas de Cap Europe, filiale commune du Cap France et du Cap UK. Outre-Manche, on a assisté avec une certaine indifférence à la bataille pour le contrôle du Cap France. « *Sogeti ou le Cap, quelle importance ?* », pense-t-on sur l'île. Les Anglais n'ont pas l'intention de céder leur participation de 42,5 % dans le capital de Cap Europe, participation qui leur permet de garder un pied sur le continent. De son côté, Serge Kampf joue l'apaisement. Détenteur lui aussi, à la suite du rachat du Cap, de 42,5 % de la filiale européenne, assuré par ailleurs du soutien de Philippe Dreyfus, qui détient, à titre personnel, 15 % de la société qu'il dirige encore et qui a finalement décidé de se rallier à lui, le patron de Sogeti sait pourtant que le rapport de force lui est favorable. Mais il sait aussi qu'il n'a rien de bon à attendre d'un affrontement avec Cap UK. Aussi cherche-t-il à négocier, proposant aux Anglais une formule d'association. Le refus opposé par ces derniers à tout accord précipite l'affrontement…

La bataille a lieu en août 1975, soit plus d'une année après l'acquisition du Cap. Elle s'effectue dans des conditions rocambolesques. Faute d'accord entre ses actionnaires et devant les risques de pourrissement, la filiale hollandaise de Cap Europe, la plus grosse et la plus prospère des unités européennes, prend le parti d'imposer elle-même la solution. Afin de départager les deux candidats et de déterminer qui, des Français ou des Anglais, reprendra les unités européennes, les Hollandais décident en effet d'organiser, à Amsterdam, un « grand oral ». Chacun des deux camps sera invité à exposer à tour de rôle ses projets européens et ses perspectives de développement. Le plus convaincant l'emportera ! Situation totalement inédite d'une filiale dictant ses conditions à ses maisons mère ! L'idée a été soufflée par les Anglais, assurés de leur victoire, à Ton Helmer, le « patron » des activités hollandaises du Cap qui, lui, attend de connaître les deux projets pour se prononcer ! La date de l'examen de passage est fixée au vendredi 29 août 1975…

Dans le camp français, on est inquiet. Au Cap comme à Sogeti, on ne doute pas une seconde que les Hollandais, affinités culturelles obligent, voteront massivement pour les Anglais et que les jeux sont déjà faits. On est d'autant plus inquiet que, dans les semaines précédant le vote, à l'instigation des Anglais, la presse hollandaise se déchaîne contre la solution française et que le staff de Cap Hollande fait l'objet de multiples pressions. Serge Kampf et ses collaborateurs décident pourtant de jouer le jeu jusqu'au bout et de mettre toutes les chances de leur côté...

Le jeudi 28 août dans l'après-midi, alors que les dirigeants de Cap UK, sûrs de leur victoire, s'acheminent tranquillement en Rolls Royce jusqu'à Amsterdam, Serge Kampf, Philippe Dreyfus, Jacques Lescault et Robert Thoral sautent dans un avion-taxi. Arrivés en fin d'après-midi dans la capitale des Pays-Bas, les dirigeants français ont ainsi tout le loisir de s'entretenir avec les Hollandais et de les rassurer sur leurs intentions. Ces discussions préparatoires seront décisives... Présenté le lendemain, dans un anglais parfait par un Philippe Dreyfus très détendu, le projet français, qui garantit l'autonomie des filiales européennes, l'emporte haut la main sur celui des dirigeants de Cap UK, arrivés le matin même et dont la philosophie est éminemment plus « jacobine ». « *Ce que nous voulions, c'était avoir la paix* », explique aujourd'hui Chris Van Breugel qui n'en poursuivra pas moins une belle carrière au sein du groupe français. A une très forte majorité, les Européens présents décident donc leur rattachement à Cap Sogeti qui remporte là une victoire magnifique et largement inattendue. Beaux joueurs, les dirigeants de Cap UK s'inclineront devant le résultat des urnes avant de s'en retourner à Londres.

En l'espace de deux ans, Sogeti a réussi ainsi un beau doublé, mettant coup sur coup la main sur l'une des toutes premières SSII françaises et se dotant, dans la foulée, d'une organisation européenne de premier plan. Le regroupement du savoir-faire technique du Cap et de l'activisme commercial de Sogeti projeté à l'échelle européenne : le mélange sera hautement efficace et contribuera largement au développement du groupe dans les années à venir. Comme si cela ne suffisait pas, dans l'intervalle, Cap Sogeti a également acquis, dans les derniers mois de l'année 1974, une autre SSII, de droit américain celle-là, et qu'elle connaît bien pour l'avoir accueillie un temps dans son capital : Gemini Computer Systems. Fondée en 1968 par John Diebold et un groupe d'investisseurs américains et européens, GCS avait ouvert des agences en France, en Grande-Bretagne, en Allemagne, en Suisse et en Hollande. Spécialisée dans la réalisation de grands projets pour les administrations publiques, la fourniture de systèmes clés en main pour la gestion des petites et moyennes entreprises mais aussi la commercialisation et la maintenance de produits-programmes, la société génère, en 1974, un chiffre d'affaires de 8 millions de dollars et emploie près de 400 personnes. Une réussite incontestable mais que son fondateur, John Diebold, empêtré pour l'heure dans des difficultés personnelles insurmontables et en délicatesse avec plusieurs de ses actionnaires, cherche à revendre...

Favorisée par l'entremise de Michel Jalabert, ancien patron des activités de services de Bull et ancien directeur général de Gemini, l'acquisition de la SSII américaine se négocie rapidement et est finalisée en septembre 1974. Elle donne à la société Cap Sogeti une dimension européenne qu'elle n'a pas encore à ce moment et que viendra renforcer, quelques mois plus tard, la reprise de Cap Europe. Il ne reste plus désormais qu'à organiser ce nouvel ensemble industriel issu du rapprochement de trois entités différentes et aux cultures très affirmées. C'est chose faite avec la fusion, effective au 1er janvier 1975, de Gemini Computer Systems avec Cap Sogeti. Baptisé Cap Gemini Sogeti, le nouvel ensemble représente un chiffre d'affaires de 180 millions de francs et un effectif de 1 850 personnes. Première SSII française, le nouveau groupe a désormais tous les moyens de se développer dans de nouvelles directions. Après l'Europe, la société se prépare désormais à partir à la conquête des Etats-Unis. Une nouvelle page s'ouvre pour l'entreprise créée par Serge Kampf...

Deuxième acte
CGS, « multinationale de la matière grise »

Un même groupe, trois cultures

Changement de nom ? Le 6 février 1979, Serge Kampf et ses plus proches collaborateurs, réunis au sein du Comité de direction générale, écoutent Jacques Séguéla. Quelques mois plus tôt, le publicitaire a reçu de l'entrepreneur mission de trouver un nouveau nom pour le groupe qu'il dirige, *« un nom plus commercial et facile à retenir à l'international »* a-t-il expliqué au publicitaire dont la réputation est déjà bien assise. Sûr de son fait, celui-ci a mis sur le coup deux chefs de projet qui n'ont pas tardé à rendre leur copie : de « Sogecap » à « International Computer Service », les idées ne manquent pas pour donner à l'entreprise une appellation plus « vendeuse ». La réaction de ses interlocuteurs surprend Séguéla. Parmi la dizaine de noms qu'il propose aux dirigeants du groupe, aucun en effet n'est retenu... Vexé, le publicitaire décide alors de prendre lui-même le dossier en main. Las! Ce 6 février, ses propositions sont, elles aussi, rejetées à l'unanimité par le Comité de direction générale qui décide dans la foulée de conserver tel quel le nom « Cap Gemini Sogeti ». Dépité, Jacques Séguéla accepte de renoncer à ses honoraires et de reconnaître au groupe une créance... toujours valable à ce jour ! Quant à Serge Kampf et ses collaborateurs, tout porte à croire qu'ils n'avaient jamais vraiment eu l'intention de changer le nom de l'entreprise...

« Il faut renoncer à toute tentation impérialiste... » Telle est en effet, au lendemain de la fusion du 1er janvier 1975, la consigne que fait passer Serge Kampf à ses troupes. Contre une partie de ses collaborateurs, qui rêveraient bien d'un « grand soir » chez les deux sociétés rachetées

et à qui le succès de Sogeti a donné des ailes, l'entrepreneur se montre d'emblée partisan d'une démarche d'intégration douce. Tout chambouler ? L'épisode du vote hollandais, sans parler des tensions que la reprise du Cap a pu faire naître, ont amplement démontré les risques qu'il y aurait à s'engager sur cette voie. Les informaticiens sont trop susceptibles, la culture des trois entreprises trop différente et leur acquisition trop récente pour jouer aux conquérants. Et puis le groupe n'a-t-il pas depuis toujours une tradition décentralisatrice ? Inutile, dans ces conditions, de changer le nom de l'entreprise. Jacques Séguéla en sera pour ses frais. Inutile également de bouleverser l'organisation. « *Il faut apprendre à travailler avec des gens différents*, répète Serge Kampf, *respecter l'identité de chacun.* » Alors on respecte...

Et pour commencer, on mêle les hommes. Pas question, en effet, de reléguer les « ex » du Cap ou de Gemini à des postes subalternes et de leur imposer une quelconque tutelle. Ce serait politiquement stupide, sans compter que le nouveau groupe a trop besoin de leur savoir-faire et de leurs compétences techniques pour prendre le risque d'une fuite des cerveaux. C'est donc la démarche inverse qui est choisie. Au lendemain de la fusion, les dirigeants des deux entreprises rachetées sont systématiquement promus à des postes de responsabilité au point de peupler les instances dirigeantes du nouveau groupe aux côtés des dirigeants « historiques » de Sogeti. Du côté du Cap, Philippe Dreyfus, l'homme de l'Europe, est appelé à la vice-présidence de Cap Gemini tandis que son ancien collaborateur, Christer Ugander, qui avait créé et développé les activités suédoises de l'entreprise, se voit propulsé à la tête de toutes les activités européennes du groupe. Il n'est pas jusqu'à Jacques Lescault lui-même, l'ancien patron du Cap dont la « haine » franche et directe envers Serge Kampf n'avait pas peu contribué à compliquer le rapprochement entre les deux entreprises, qui se voit confier la direction d'une des filiales de Cap Gemini Sogeti. Tout comme Edouard Bazeille et Alain Lemaire qui sera appelé un peu plus tard à diriger les activités françaises. Les « Geminiens », bien que moins nombreux, ne sont pas en reste. Alors que Michel Jalabert est nommé secrétaire général puis directeur du développement, l'ancien président de Gemini France, Rémi Donneaud – un ancien de Bull lui aussi – prend en charge la création et la direction d'une nouvelle filiale qui connaîtra un développement spectaculaire. Sur le terrain, on procède de même : informaticiens du Cap promus à la tête d'agences ou de divisions, anciens de Gemini appelés à diriger des filiales européennes... A tous les niveaux, le brassage des hommes est la règle. Seul critère retenu : la compétence.

Quant à l'organisation, elle ne change pas, ou très peu. Sans doute procède-t-on à la création de grandes « divisions » indispensables pour regrouper des activités éclatées aux quatre coins de l'Europe. Elles seront trois pour quelque temps : France, Europe et « Traitement-Exploitation-Saisie ». Sans doute aussi opère-t-on notamment en Europe, quelques regroupements d'agences afin d'éviter les doublons. Le groupe ne peut pas non plus faire l'économie d'instances centrales de direction. On ne gère pas une entreprise de 2 000 personnes comme une grosse PME de 500 salariés ! Trois niveaux de management sont donc créés : dans chaque pays, des Comités de direction assurent désormais la coordination des différentes agences et filiales locales. A Paris avenue George V – où la direction générale du groupe s'installe à partir du 1er janvier 1976 –, un Comité de direction générale regroupe une fois par mois les dirigeants de l'entreprise et les patrons des grandes unités opérationnelles. Enfin, pour couronner le tout, Serge Kampf institue un Comité exécutif. S'y retrouvent tous les quinze jours les principaux dirigeants du groupe, sept personnes au total, pour discuter de la stratégie et prendre les décisions qui engagent son avenir. Il y a là, outre Serge Kampf, Daniel Setbon, le financier qui, à l'avenir, sera de tous les « coups », Alain Lemaire, patron de la France, Christer

Ugander, l'homme de l'Europe, Jean-Baptiste Renondin, directeur général, Michel Berty, qui a quitté Bossard en 1972 et qui, pour l'heure, dirige l'une des filiales du groupe et enfin Michel Jalabert, directeur du développement et qui s'imposera bientôt comme l'homme des missions délicates. Un financier, un polytechnicien, un scientifique, un Suédois, un supélec, des anciens de Bull et du conseil, un beau patchwork de compétences et d'expériences en vérité qui donne au Comité exécutif une « ouverture d'esprit » peu commune dans le secteur ! Entre ces hommes venus d'horizons bien différents, les discussions sont directes, animées, houleuses quand elles ne virent pas à l'aigre. « *On s'engueulait ferme* » résume, vingt ans plus tard, Alain Lemaire tandis que Daniel Setbon se souvient pour sa part de discussions durant jusqu'à minuit et au-delà... Il est vrai que chacun est invité à donner son avis et à le défendre jusqu'au bout...

Pour le reste, et notamment sur le terrain, la continuité l'emporte. Axe central de la philosophie « kampfienne » en matière de management, la décentralisation opérationnelle devient, d'un bout à l'autre de l'Europe l'alpha et l'omega de tout le groupe. Quant aux agences, elles sont confirmées comme les « pierres angulaires » de l'organisation. A Paris et Marseille comme à Amsterdam, Copenhague, Bruxelles ou Genève, les managers locaux vivent, travaillent et se comportent en chefs d'entreprise à part entière. Ainsi le veut Serge Kampf. Ainsi l'exige aussi le « compromis » d'Amsterdam de 1975. Il n'est pas jusqu'à la direction générale elle-même qui ne manifeste sa foi dans les vertus de la décentralisation. Patron des finances du groupe, Daniel Setbon veille ainsi aux cordons de la bourse depuis Lyon où il est installé avec son équipe tandis que le directeur des finances de la division Europe, lui, exerce ses fonctions depuis sa ville de Bâle en Suisse. Quant à Serge Kampf, il garde à Grenoble son bureau principal, effectuant toutes les semaines des allers-retours entre Paris et la capitale du Dauphiné... Même continuité du côté des procédures communes. La gestion par objectif et par taux d'activité est étendue à l'Europe entière qui se voit également ouvrir les portes des Rencontres. Le groupe y ajoute quelques nouveautés. Comme ce « Club des 110 % », inspiré du Club des 100 % d'IBM et qui récompense les directeurs d'agence et de filiale ayant réalisé 110 % de leur chiffre d'affaires. Au menu des vainqueurs : un voyage d'une semaine, avec leur conjoint, dans un pays de rêve. Comme, aussi, cette « Société 5 », qui regroupe les actions que Serge Kampf a cédées à ses principaux collaborateurs afin de les intéresser à la croissance de l'entreprise. Cette « société » jouera un certain rôle dans les opérations capitalistiques du groupe que nous évoquerons plus loin. Elle a surtout pour effet de souder les dirigeants du groupe autour de leur patron à l'heure où d'importantes décisions doivent être prises.

La « matière grise », nouvel eldorado

Au moment où naît le groupe Cap Gemini Sogeti, le monde de l'informatique s'apprête en effet à connaître des bouleversements d'une intensité telle que le visage du secteur en sortira, pour longtemps, durablement modifié. En l'espace de quelques années, de nouveaux acteurs vont apparaître tandis que d'autres péricliteront ou disparaîtront. Cette révolution qui s'annonce et qui s'épanouira vraiment à partir de 1980 a un nom : logiciel, *software* en anglais.

Quatre événements résument cette mutation. Quatre événements extrêmement ramassés dans le temps et passés sur le coup pratiquement inaperçus. En décembre 1974 sort aux Etats-Unis l'Altair 8800, fabriqué par la firme Micro Instrumentation and Telemetry System (MITS). C'est le premier micro-ordinateur destiné au grand public jamais conçu au monde. Quelques semaines plus tard, en février 1975, deux jeunes étudiants surdoués de l'Université de Harvard, Bill Gates et Paul Allen, proposent à cette même firme MITS un langage de programmation de leur cru capable de fonctionner sur l'Altair et à la réalisation duquel ils ont travaillé nuit et jour : le Basic. C'est le premier langage jamais mis au point pour ce type de machines. Quelques mois encore et, en avril 1975 – c'est le troisième événement – les deux compères créent à Albuquerque, au Nouveau-Mexique, leur société : Microsoft. Le début d'une aventure industrielle qui n'a pas fini d'étonner le monde. Deux mois plus tard, enfin, en juin, Steve Jobs crée avec quelques copains, dans un garage, la société Apple Computer Inc qui va bientôt révolutionner le monde des micro-ordinateurs. Etonnante concordance d'événements. Signes annonciateurs, surtout, d'un gigantesque « big bang » dans la profession.

L'avènement du micro-ordinateur, dont l'Altair 8800 n'est que l'avant-garde, modifie en effet en profondeur la donne technologique. Grâce aux innombrables circuits intégrés et aux micro-processeurs qu'il contient, on peut désormais multiplier par près de 100 le nombre d'opérations réalisées par seconde ! Du jamais vu encore ! En rendant possible la conception de programmes personnalisés, adaptés aux besoins et aux fonctions de nouveaux utilisateurs, cette démultiplication des performances assure du coup la prédominance du logiciel et des progiciels d'application. Désormais, micro-ordinateurs et logiciels marcheront la main dans la main, balayant tout sur leur passage, imposant, pour longtemps, leur loi au monde. L'amélioration des performances permet également une expansion foudroyante de l'informatique que favorise la baisse spectaculaire du prix des machines. A partir du milieu des années 70, l'informatique sort du ghetto où elle était confinée depuis les origines pour se répandre chez un nombre croissant d'utilisateurs. Dans les entreprises, les industries, les administrations, l'heure est aux terminaux intelligents. Limitée jusque-là aux seules fonctions stratégiques, l'informatique fait son entrée dans tous les départements : comptabilité, paie, production, gestion du personnel, marketing, commercial... A partir de 1975, ce sont au total 5 000 nouvelles entreprises qui, chaque année, s'équipent en ordinateurs. Autrefois réticents à investir, les dirigeants de sociétés sont de plus en plus nombreux à se doter de systèmes informatiques.

Spectaculaire, ce retournement joue à fond en faveur des fabricants de logiciels qui inaugurent plusieurs années de belle prospérité. Il joue également largement en faveur des sociétés de services informatiques qui s'apprêtent à connaître un bel âge d'or. « *L'ordinateur est en passe d'être supplanté par le logiciel et les services informatiques prennent le pouvoir* » résumera, en 1981, sous le titre « *La bataille du logiciel* », le magazine *Valeurs actuelles*. La formule est à peine exagérée. Plus ambitieux parce qu'impliquant un plus grand nombre d'acteurs, plus complexes parce que davantage personnalisés, les projets qui sont confiés aux SSII nécessitent désormais la mise en œuvre de compétences nouvelles. A l'heure du logiciel, ce n'est plus de temps machines dont les utilisateurs ont besoin, c'est de matière grise. Ce que l'on demande à une SSII, c'est d'être capable de conseiller et de concevoir et pas seulement de mettre à disposition du personnel spécialisé. Pilier du métier depuis les origines, le « body-shopping » va dès lors connaître un déclin progressif mais inéluctable. Pour toutes les SSII, l'heure est venue de se tourner vers les activités à haute valeur ajoutée.

Et c'est bien ce virage que Serge Kampf et ses collaborateurs, en ce milieu des années 70, s'apprêtent à négocier. La décision est prise très tôt, au lendemain de l'intégration des filiales de Cap Europe. Les modalités en sont définies au cours de plusieurs séances du Comité exécutif qui donnent lieu à des discussions enflammées. C'est que l'enjeu est d'importance. « *Cap Gemini Sogeti doit devenir une multinationale de la matière grise* » annonce d'emblée Serge Kampf. Un programme ambitieux qui aura pour effet de redessiner toute la vocation du groupe, notamment à l'international. Mais un programme qui suppose aussi de céder toute une partie des actifs de l'entreprise et de « sortir » d'un certain nombre de métiers jugés non stratégiques.

Au lendemain de la fusion de 1975, le groupe créé par Serge Kampf se caractérise en effet par l'extrême diversité de ses activités. Issues pour partie de la diversification des années 1969-1972 et pour l'autre partie de la reprise de Cap et de Gemini, elles dessinent un étonnant réseau de compétences qui vont de la simple assistance technique à la mise en œuvre de systèmes et à l'infogérance en passant par la formation, le conseil, la saisie et le traitement de données, la conception de logiciels ou encore le développement de produits d'application. Sur le papier, cela donne une vaste toile où se mêlent et s'entremêlent filiales, sous-filiales, divisions et partenaires divers. En terme de poids respectif, la répartition est de 40 % pour les prestations intellectuelles et 60 % pour les prestations machines. « *Trop lourd* », dit Serge Kampf, qui n'ignore pas que l'avenir du métier en général et de son groupe en particulier va se jouer sur les premières. En l'espace de quelques années, la proportion va être totalement inversée...

De 1975 à 1983, Cap Gemini Sogeti est en effet presque totalement accaparé par son recentrage. Le « gros morceau » a lieu dès 1976 avec la cession en une seule fois de l'ensemble des activités de saisie et de traitement de données réunies au sein de la division Traitement Exploitation. Une amputation qui représente tout de même 40 millions de francs et pas loin de 400 personnes, soit 20 % du chiffre total du groupe et 1/5e de son effectif ! On imagine sans peine les réactions que suscite, en interne, une telle saignée. « *Voilà le groupe privé d'une vache à lait* » disent certains. Indispensable au regard des évolutions du marché, cette opération permet en tout cas de rééquilibrer le portefeuille d'activités du groupe désormais constitué en majorité par les prestations intellectuelles. Dans les années qui suivent, Cap Gemini Sogeti sort également des packages d'application et du service bureau, symbole par excellence des prestations machines, avant de céder, en 1983, à la Caisse des Dépôts et Consignations, Sorinfor, cette société créée avec la bénédiction de la Délégation à l'Informatique pour contrer les menées américaines auprès de la CCI de Paris. Cette dernière opération clôt l'âge des cessions. Dans l'intervalle, le groupe aura tout de même eu le temps, en juillet 1975, de céder toutes ses actions Eurinfor à la Cisi, en application des accords signés avec le CEA en 1973. Cap Gemini Sogeti verra partir sans trop de chagrin cette filiale aux débuts si prometteurs mais qu'avaient largement plombée les performances désastreuses de l'Iris 60 et des dissensions avec ses partenaires. De ces partenariats, Serge Kampf dira plus tard, non sans cruauté et en parodiant Pierre Dac : « *Quand on donne du café aux vaches, on trait du café au lait* »... Le groupe aura également eu le temps de résister aux sollicitations du marché et d'écarter toute diversification dans les logiciels grande diffusion pour petits systèmes de gestion, les services sous-réseaux, la distribution de logiciels pour micro-ordinateurs et même la vente de micro-ordinateurs.

Au début de l'année 1983, alors qu'il met la dernière main à l'acte de cession de Sorinfor, Serge Kampf peut mesurer le chemin parcouru. Entrant pour 60 % dans le chiffre d'affaires du groupe en 1975, les prestations matérielles n'en représentent plus à présent que 8 %. A cette date, une étude de la *Dafsa* sur les cinquante premières SSCI françaises classe le groupe au quatrième rang des entreprises du secteur, derrière GSI, la Cisi et SG2. La même étude prend cependant bien soin de préciser que ces trois sociétés réalisent encore plus de 60 % de leur chiffre d'affaires (la proportion monte même à 90 % pour GSI) en prestations machines et que Cap Gemini Sogeti est « *le numéro un incontesté, et de très loin, pour les prestations intellectuelles* ». « *Les SSCI traitement ont un taux de valeur ajoutée inférieur à 50 % alors que les sociétés de matière grise, au premier rang desquelles se trouve Cap Gemini*

Sogeti, ont un taux supérieur à 70 % », analyse en outre le document qui prédit un bel avenir à ceux qui ont entrepris à temps de se recentrer. Propos prémonitoires. Pour avoir pris vite et tôt ce virage stratégique majeur, le groupe Cap Gemini Sogeti se hissera au premier rang des SSII françaises puis européennes quand GSI, la Cisi et SG2, elles, péricliteront, voire disparaîtront purement et simplement...

Mission accomplie ? assurément. Plus tard, nous y reviendrons, le groupe peaufinera son portefeuille d'activités en rachetant l'un des principaux concurrents en France et en se développant fortement dans l'intégration de systèmes. Pour l'heure, en ces années charnières 1975-1980 où il engage une vaste réflexion sur sa vocation et ses métiers, le groupe a d'autres projets en tête pour devenir un expert de la matière grise. Ou plutôt un projet qui tient particulièrement à cœur à Serge Kampf : le conseil. L'opportunité de se renforcer dans ce métier auquel il n'a jamais cessé de croire se présente à la fin de l'année 1976. L'enjeu ? La succession d'Yves Bossard et l'avenir du cabinet OBM, celui-là même avec lequel Sogeti avait signé six ans auparavant un accord de collaboration. Le dossier va occuper Serge Kampf et ses plus proches collaborateurs pendant plus de trois ans...

Au milieu de l'année 1976, le cabinet Bossard est une entreprise fragilisée. Quelques mois plus tôt, Yves Bossard a remporté de haute lutte en Iran un gigantesque contrat d'un montant de 34 millions de dollars. Du jamais vu encore, pour OBM, qui pense tenir là l'affaire du siècle. Il s'agit de rien moins que créer des centres mobiles de formation professionnelle, pourvus des équipements les plus modernes et qui iront de centres industriels en centres industriels apprendre aux techniciens et aux ouvriers iraniens les méthodes de travail occidentales. Ce contrat, Yves Bossard et son frère Jean y tiennent et y travaillent jour et nuit. Ils veulent en faire la consécration de leur carrière avant de se retirer. Mais l'énormité des frais engagés et les besoins financiers colossaux qu'il nécessite n'ont pas manqué de peser sur les comptes du cabinet qui flirte désormais avec la crise de trésorerie. Ils n'ont pas manqué non plus de susciter de vigoureuses inquiétudes en interne. Pour une partie des consultants, emmenés par le directeur général de Bossard Consultants, un certain Jean-René Fourtou, le contrat iranien est trop gros et trop risqué pour que le cabinet se risque à le gérer seul.

La crise éclate à la fin de l'année lorsque, décidés à passer la main mais soucieux de renflouer leur entreprise, les frères Bossard proposent à Serge Kampf de prendre la majorité du cabinet. Depuis six ans maintenant qu'ils se connaissent, les trois hommes ont développé une réelle relation d'amitié et, de part et d'autre, on est convaincu du bien-fondé et de l'intérêt d'un tel rapprochement. Cette proposition que lui font Yves et Jean Bossard, le patron de Cap Gemini Sogeti s'empresse de l'accepter. Elle marque le point de départ d'une lutte d'influence dont l'enjeu est tout simplement le contrôle du Groupe Bossard.

La bataille se joue en deux manches. La première manche est favorable à Serge Kampf. En décembre 1976, celui-ci achète en effet aux frères Bossard 51 % du capital de la Holding Bossard, eux-mêmes conservant les 49 % restants. En apparence, le patron de Cap Gemini Sogeti est donc parvenu à ses fins. Mais un point de friction ne tarde pas à apparaître qui porte sur Bossard Consultants, la filiale-conseil du groupe, dont, depuis 1972, les consultants détiennent 34 % du capital. Forts de leur position, les consultants, emmenés par Jean-René Fourtou et Jean-Pierre Auzimour, posent deux conditions à l'entrée de Cap Gemini Sogeti dans le capital du holding Bossard : d'une part que leur propre participation dans la filiale Bossard Consultants passe de 34 % à 49 %, d'autre part et surtout, qu'ils bénéficient d'une option d'achat sur 2 % supplémentaires de manière à disposer, en cas de besoin, de la majorité de l'activité conseil. Une véritable « assurance pour l'avenir » pour Jean-René Fourtou et ses amis. Une condition inacceptable pour Serge Kampf dont l'objectif est d'intégrer à son groupe purement et simplement la totalité de Bossard... La seconde manche s'ouvre.

Elle durera trois ans. Trois années au cours desquelles la guerre entre les deux blocs fait rage. Du côté de Cap Gemini, les opérations sont suivies en direct par Serge Kampf, Daniel Setbon et Michel Jalabert dont les talents de négociateurs évitent plus d'une fois d'en venir aux mains. Leurs arguments, exposés au cours d'innombrables réunions et d'interminables séances téléphoniques, se veulent rassurants. « *Nous n'imposerons rien à Bossard. Vous garderez votre indépendance* » répètent à longueur de journée les dirigeants de la SSII qui mettent en avant la philosophie très particulière de l'entreprise et les complémentarités existant entre les deux métiers. Rien n'y fait : épaulé par la plupart des consultants, Jean-René Fourtou se bat pied à pied, refuse de plier, menaçant son concurrent d'une fuite massive des cerveaux et même de poursuites judiciaires ! De guerre lasse, Serge Kampf se résigne finalement, en avril 1979, à réduire sa participation. Avec 49 % du capital, Cap Gemini Sogeti ne sera plus qu'un *sleeping partner*, attendant des jours meilleurs pour prendre sa revanche. Elle viendra, bien plus tard, après que le groupe aura constitué son propre pôle conseil. A ce moment, il y aura longtemps que Cap Gemini Sogeti sera devenu l'un des géants mondiaux du service informatique...

Le monde pour horizon

Washington, hiver 1977. Alors que la neige tombe sur la capitale fédérale, une poignée d'hommes s'active dans des bureaux de la Old Courthouse Road. Ils sont cinq, tous américains : Len Jacoby, Gerry Hice, Steve Turner, Bob Spencer, Lon Rosenman. Ils constituent l'avant-garde du groupe Cap Gemini Sogeti aux Etats-Unis.

Quelques mois plus tôt, à Paris, ils sont allés trouver Serge Kampf. A leur patron, ils ont expliqué qu'étant en Europe depuis plusieurs années, ils souhaitaient s'en retourner au pays et qu'ils se proposaient, plutôt que de quitter l'entreprise, d'ouvrir là-bas une filiale ou un bureau. Réuni pour examiner la question, le Comité exécutif s'est prononcé à l'unanimité et au terme d'un débat très bref. S'implanter outre-Atlantique ? Une pareille offre, surtout si elle émane d'Américains, ne se refuse pas. N'est-ce pas aux Etats-Unis que s'élaborent les métiers liés à l'informatique, que se conçoivent et se fabriquent les grands logiciels et que s'inventent les nouveaux concepts de management et d'organisation ? S'il y a un endroit où le groupe doit être, c'est bien là-bas, au pays de l'oncle Sam. Les cinq iront donc aux Etats-Unis.

Serge Kampf et ses plus proches collaborateurs sont d'autant plus ouverts aux suggestions que leur font ces cinq managers qu'il y a longtemps déjà qu'ils se préoccupent de l'international. En fait depuis ce jour de septembre 1974 où, ayant acquis Gemini Computer Systems, le groupe s'est retrouvé avec six filiales supplémentaires réparties en Europe et une en Iran. Accaparée par la fusion avec le Cap puis par la bataille pour le contrôle de la société Cap Europe, la direction de Sogeti, dans un premier temps, a choisi de laisser les choses en l'état, reportant à plus tard les réformes indispensables et les arbitrages nécessaires. Tout change à partir d'août 1975 qui voit la victoire définitive du projet Cap Gemini Sogeti sur celui de Cap UK et l'intégration au sein du nouveau groupe d'un ensemble de filiales et d'agences hors de France, sans compter une présence dans plusieurs pays d'Afrique ou du Moyen-Orient, notamment au Zaïre, en Algérie et au Liban. A cette date au total, la société est présente, directement ou indirectement, dans vingt pays, avec de forts points d'ancrage en Allemagne, en Belgique et surtout en Hollande. L'heure de bâtir un véritable projet international est venue.

Dès septembre 1975, Serge Kampf a exposé à ses plus proches collaborateurs sa conception des choses : ne privilégier que les pays industrialisés à fort potentiel de croissance, stables sur le triple plan politique, économique et social et ayant des pratiques commerciales normales. En gros tout l'hémisphère Nord, moins les pays de l'Est et les pays du Bassin méditerranéen, impitoyablement écartés. « *Trop pauvres encore et surtout trop instables* » répète-t-il à ceux qui s'étonnent de la mise à l'écart de nos voisins italiens, espagnols ou grecs. L'Espagne franquiste – Franco ne mourra qu'en novembre – l'Italie des Brigades Rouges (1 800 attentats pour la seule année 1975), sans parler de la Grèce, plongée dans de violents troubles civils, ne sont guère dans la cible de Cap Gemini Sogeti. Pas plus d'ailleurs que les pays du Moyen-Orient. Faute d'accepter de verser bakchich et autres commissions, un passage incontournable là-bas, le groupe est éjecté sans ménagement – mais sans aucun regret – de cette zone. « *L'argent est suffisamment difficile à gagner pour que nous ne donnions pas à d'autres le fruit de nos efforts* » explique, dans une note de deux pages consacrée au sujet, un Serge Kampf viscéralement opposé à de telles pratiques. Les priorités du groupe, annonce-t-il, ce sont les Etats-Unis et l'Europe du Nord, terre de croissance et véritable eldorado pour les sociétés de services informatiques. Quant aux objectifs, il s'agit de *« répartir les risques »*. Indispensable en effet quand la crise économique menace et que le groupe, en dépit de toutes ses filiales, réalise encore les 2/3 de son chiffre d'affaires en France seule. Reste, bien sûr, à trouver l'occasion. Survenant trois ans après l'intégration de toutes les filiales européennes et alors que le groupe, sous la direction avisée de Christer Ugander, a entrepris d'homogénéiser son organisation internationale de façon à faire travailler de concert tout ce petit monde, la démarche des cinq de Gemini ne peut pas mieux tomber.

Préparée de longs mois durant, l'ouverture de Cap Gemini Inc, un simple bureau à ce stade, est officialisée le 1er janvier 1978. C'est le début d'une belle aventure qui, en moins d'une décennie, fera de Cap Gemini Sogeti un acteur significatif sur le marché américain. A

Washington en effet, comme s'ils avaient attendu de humer l'air du pays pour se donner à fond, Len Jacoby, Gerry Hice, Steve Turner, Bob Spencer et Lon Rosenman font rapidement des merveilles. Fort de cinq personnes en 1978, le bureau de Washington en compte quatorze l'année suivante et trente-trois en 1980 ! Le commando américain n'a pas chômé, décrochant des contrats avec des utilisateurs aussi prestigieux que le Bureau d'information de l'énergie, la Nasa, l'Institut national de la santé, la Bibliothèque du Congrès ou bien encore le Bureau des Statistiques du ministère du Travail. Cette même année 1980, s'enhardissant, le groupe ouvre une nouvelle filiale, cette fois à Boston, pour la distribution de produits logiciels.

Mais l'événement majeur, celui qui va donner au groupe français ses premières lettres de noblesse aux Etats-Unis, survient moins d'un an plus tard, le 21 janvier 1981. Ce jour-là en effet, Cap Gemini Sogeti prend le contrôle de la société DASD, une SSII américaine basée à Milwaukee. C'est le bureau de Washington qui a mis Paris sur le coup. Dans le courant de l'année 1980, Cap Gemini Inc apprend en effet que le propriétaire de DASD, Martin Marshall, souhaite vendre la société qu'il a créée en 1974. A trente-huit ans, ce *« capitaliste forcené »* comme le décrit la presse américaine, a décidé de quitter les neiges et le froid du Wisconsin pour les cieux plus cléments de la Floride où l'attendent d'autres projets. Plusieurs mois de négociation sont nécessaires pour aboutir à un accord. Au sein du Comité exécutif du groupe, l'opération ne va pas non plus de soi, les « mondialistes » comme Michel Jalabert, s'opposant aux « eurocentristes » comme Jean-Baptiste Renondin. Le 21 janvier, Serge Kampf, accompagné de Michel Jalabert, reçoit enfin des mains de Martin Marshall l'ensemble des actions de DASD. Les deux parties se sont entendues sur un montant de 14 millions de dollars, soit 64 millions de francs à l'époque.

L'opération fait beaucoup parler d'elle. « *Cap Gemini Sogeti ra-*

chète 500 cerveaux américains » titre le journal *Les Echos* du lendemain qui, au passage, salue le *« sens de la conquête de l'entreprise grenobloise »*. *« Avec le contrôle de DASD*, poursuit Jacques Jublin dans le quotidien, *Cap Gemini Sogeti s'offre un réseau " coast to coast " important pour rivaliser avec les ténors locaux de la profession qui ont pour noms Computer Sciences, SDC, PRC, Informatics. Désormais, la firme grenobloise entend lutter sur un pied d'égalité avec les plus grands. Elle est en train de devenir une multinationale. »* Quant au *Matin*, il préfère insister sur cette nouvelle preuve de *« la boulimie des sociétés françaises de services informatiques »*. L'acquisition de DASD est en effet la plus importante transaction jamais effectuée aux Etats-Unis par une SSII européenne.

Et c'est vrai que l'opération est importante. Avec 500 personnes et un chiffre d'affaires de 22 millions de dollars, DASD est un acteur qui compte, aux Etats-Unis, dans le secteur des services informatiques. Alors qu'il sort tout juste de la bataille pour le contrôle de Bossard, Serge Kampf ne peut qu'être sensible à cette position privilégiée. D'autant que DASD bénéficie d'une très bonne réputation dans le secteur des conversions de programmes et qu'elle contrôle un réseau de vingt-neuf agences et bureaux répartis sur une grande partie du territoire américain. En clair, l'opération donne au groupe français une « puissance de feu » que ses deux établissements de Washington et de Boston n'étaient pas en mesure de lui apporter.

Fin de l'aventure américaine ? Loin s'en faut. En ce début des années 80, les Etats-Unis restent l'une des priorités du groupe. *« La petite révolution politique n'entravera pas notre développement »* lance même, au début du mois de juin 1981 – un mois après l'arrivée au pouvoir de François Mitterrand – un Serge Kampf un rien provocateur aux journalistes de *Bureautique et Informatique* qui l'interrogent sur ses projets. Pour bien montrer sa détermination en la matière, le groupe décide d'ailleurs, ce même mois de juin, de se doter d'une division USA à part entière. Difficile, en effet, de gérer de Paris une activité forte désormais de 550 personnes et d'une trentaine d'unités. Il faut quelqu'un sur place. Ce sera Michel Berty. « *Puisque tu as l'air de t'intéresser à l'Amérique, tu t'en occuperas* » lui lance Serge Kampf à l'occasion d'une séance du Comité exécutif au cours de laquelle l'ancien associé de Bossard avait émis quelques bonnes idées. Celui qui est encore le patron des activités logiciels du groupe n'a que deux mois pour faire ses valises et préparer son départ. En août, il est à Milwaukee. « *Mon ambition est de faire de Cap Gemini l'IBM du service* » affirme-t-il dans l'une de ses premières interviews au magazine *Datamation*. Objectif ambitieux ! Moins de deux ans plus tard, il négocie le rachat de Spiridellis & Associates, une SSII new-yorkaise forte de 200 consultants et spécialisée dans les applications informatiques des grands organismes financiers et industriels. L'opération permet au groupe de se hisser au quatrième rang des sociétés américaines de prestations intellectuelles sur le marché et d'approcher le cap des 50 millions de dollars de chiffre d'affaires outre-Atlantique. Plus tard, en janvier 1985, Cap Gemini Sogeti prendra le contrôle de la division services informatiques de la société CGA Computer Inc, doublant ainsi le chiffre d'affaires américain, avant de racheter une cascade de petites sociétés. A la fin des années 80, dix ans après l'ouverture du bureau de Washington, le groupe réalise 35 % de son chiffre d'affaires aux Etats-Unis. Pari tenu pour le groupe français qui est alors la plus internationale des SSII européennes et figure à la cinquième place mondiale...

D'autant que, dans l'intervalle, le groupe s'est fortement implanté en Europe. Dans un marché qui se développe à un rythme soutenu, c'est même là qu'il connaît sa plus forte croissance, plus de 30 % en moyenne pendant toutes les années 80 avec des pointes à 40 ou 50 % à partir de 1983 ! « *L'Europe est notre zone de développement de prédilection* » déclare le vice-président du groupe, Philippe Dreyfus, en novembre 1980 alors que l'aventure américaine n'en est qu'à ses prémices.

La conquête des deux marchés se fera en fait de façon rigoureusement concomitante. Le 1er janvier 1981, alors même que Serge Kampf et Michel Jalabert mettent la dernière main à la reprise de DASD, le groupe annonce, à l'autre bout du monde en Norvège, l'acquisition de la société Data-Logic. Modeste avec ses 56 consultants et son chiffre d'affaires de 7 millions de francs, celle-ci n'en est pas moins la première SSII norvégienne et a profité à fond du « boom » économique que connaît ce pays depuis qu'il a entrepris d'exploiter les fabuleuses réserves d'hydrocarbures de la mer du Nord. Par la suite, le Groupe Europe dirigé par Christer Ugander multipliera, à raison de deux ou trois chaque année, les acquisitions partout en Europe, et notamment au Danemark, en Finlande et en Suède, trois des marchés les plus porteurs de la zone avec les Pays-Bas. En 1988, le chiffre d'affaires de ce Groupe Europe atteint près de deux milliards de francs et son effectif 3 000 personnes. Dix ans plus tôt, les chiffres étaient respectivement de 80 millions de francs et de 600 personnes… A l'échelle du monde, Cap Gemini Sogeti réalise désormais près de 60 % de son chiffre d'affaires hors de France.

« *Nous sommes une multinationale sans stock* » commentera en 1988 devant la presse, avec un sens certain de la formule, le vice-président de Cap Gemini Sogeti, Philippe Dreyfus, faisant ainsi le point sur une décennie de croissance. Deux ans plus tôt, dans un long article consacré à la stratégie du groupe et intitulé fort à propos « *la méthode Cap Gemini pour conquérir le monde* », *International Management* avait cherché à définir les raisons du prodigieux développement du groupe français, mettant en avant « *la volonté d'aller plus vite que le marché, le leadership très personnalisé de son patron qui sait faire des amis de ses collègues et un style de capitalisme très américain dans lequel un management très décentralisé voisine avec un contrôle très étroit en matière financière* ». En somme, les mêmes recettes qui, hier, avaient permis à

Sogeti de conquérir en moins de dix ans le marché français, avaient permis au groupe de s'imposer à l'échelle de l'Europe et d'affirmer clairement ses ambitions atlantiques. La revue américaine – qui au passage rappelait les surnoms de « Napoléon » et de « Charlemagne » que l'on donnait à Serge Kampf dans certains milieux – aurait également pu ajouter que Cap Gemini Sogeti avait été la seule entreprise du secteur à jouer à fond sur le double registre de la croissance interne et externe quand la plupart de ses concurrents se contentaient de la première. En matière d'acquisition, le groupe avait été en effet infiniment plus loin et plus vite que ceux de ses homologues, comme la Cisi ou la Sema, qui, au même moment, avaient elles aussi succombé à l'appel du grand large.

International Management aurait également pu ajouter que la croissance de Cap Gemini Sogeti tenait à la façon très habile dont Serge Kampf s'était servi de sa situation privilégiée dans le capital du groupe pour en financer la croissance avant, plus tard, de le conduire en Bourse.

Le capital : le temps des grandes manœuvres

« *Nous espérons pouvoir procéder un jour à l'introduction en Bourse des actions de notre société.* » Lorsque le 30 juin 1981, Serge Kampf lâche cette petite phrase devant ses actionnaires réunis en assemblée générale extraordinaire à Grenoble, il y a longtemps déjà que lui et ses conseillers ont cette éventualité en tête. En fait depuis ce jour de septembre 1980 où le groupe est enfin parvenu à pousser dehors le plus encombrant et le moins utile de ses actionnaires : la Cisi.

L'affaire n'a pas été des plus simples. En 1973 on l'a dit, pilotée par la Délégation à l'Informatique, la filiale services informatiques du CEA avait pris une participation de 34 % dans le capital d'Eurinfor et une autre, rigoureusement identique, dans celui de la Sogeti avant, trois ans plus tard et conformément à l'accord conclu sous l'égide de la Banque Lazard, de reprendre la majorité d'Eurinfor. L'opération avait permis à Serge Kampf de préserver l'indépendance de Sogeti. Elle n'avait pas mis pour autant un terme à toutes relations entre les deux sociétés. Car si la Cisi pouvait estimer avoir fait une bonne affaire en prenant le contrôle de la filiale « facilities management », elle s'était cependant bien gardée de sortir du capital de Sogeti. Le rachat coup sur coup, par cette dernière, de Cap puis de Gemini avait même convaincu son patron, Patrick Nollet, que le groupe dirigé par Serge Kampf était décidément une bonne affaire et qu'il était urgent d'attendre avant de prendre toute décision... En clair, la Cisi n'avait pas l'intention de céder les 34 % qu'elle détenait dans le groupe Cap Gemini Sogeti.

Lorsque s'ouvre l'année 1980, les positions n'ont guère évolué. Situation intolérable pour Serge Kampf et son équipe qui voient avec une certaine inquiétude la Cisi leur tailler des croupières. Car le groupe dirigé par Patrick Nollet a lui aussi des ambitions, et même beaucoup. En 1976, l'année de la reprise d'Eurinfor, il a annoncé un revirement stratégique majeur. Très axée sur les prestations machines pour lesquelles elle bénéficie d'une position de premier plan, la Cisi cherchera désormais à se développer davantage dans les prestations intellectuelles, et notamment dans l'ingénierie de systèmes, la conversion de logiciels et le développement de logiciels scientifiques et techniques. L'objectif n'est rien moins que de hisser le groupe public à la hauteur de ses grands concurrents américains. Pour Cap Gemini Sogeti, leader incontesté des prestations intellectuelles, la menace est réelle. Elle l'est d'autant plus que la Cisi est un « grand » de la profession et qu'elle a les moyens de ses ambitions. Son chiffre d'affaires n'est-il pas passé, entre 1975 et 1980, de 275 à 710 millions de francs quand, dans le même temps, celui du groupe grenoblois – délesté il est vrai, entre-temps, de bon nombre d'activités jugées non stratégiques – ne passait « que » de 226 à 580 millions ? Sans doute la Cisi ne manifeste-t-elle aucune volonté affichée de « monter en puissance » dans le capital de son homologue. Le voudrait-elle d'ailleurs que Serge Kampf, avec 51 % du capital, retirerait à l'opération tout intérêt. Reste que cette participation de 34 % confère au groupe de Patrick Nollet une position privilégiée pour observer les initiatives de son concurrent et, pourquoi pas, s'en inspirer.

En 1977, Serge Kampf a cru pourtant trouver la solution qui permettrait à la Cisi de se retirer dans l'honneur. Cette solution s'appelle... Ross Perot. Contacté par Michel Jalabert, le fondateur et patron d'Electronic Data Systems, géant du service informatique et leader incontesté de la profession dans le monde, s'est en effet dit prêt à reprendre les 34 % détenus par la Cisi dans le groupe français. De son côté, Patrick Nollet s'est bien gardé de fermer la porte, se déclarant au contraire tout à fait disposé à examiner l'offre qui lui sera faite et, le cas échéant, à vendre. Une vraie aubaine pour Serge Kampf qui, moins d'un an plus tôt, dans une interview à *Temps réel*, avait affirmé à titre d'hypothèse, être prêt à conclure « *un partnership avec un confrère américain tenté de devenir avec nous une des grandes sociétés de prestations intellectuelles installées aux Etats-Unis* ». On a vu comment, finalement, à partir de 1978, le groupe choisira de faire cavalier seul outre-Atlantique. Dans l'immédiat, les réactions très encourageantes de Ross Perot et de Patrick Nollet laissent entrevoir un accord.

Le 3 octobre 1977, les négociations sont suffisamment engagées pour que Serge Kampf, Jean-Baptiste Renondin, Michel Jalabert et Daniel Setbon se rendent à Dallas négocier avec Ross Perot et son équipe les modalités d'un accord en bonne et due forme. Le 6, le principe de la reprise par le géant américain des 34 % de la Cisi est acquis et annoncé en fanfare à un conseil d'administration d'EDS spécialement convoqué le soir même. Tenu informé de la négociation, Patrick Nollet donne son accord. Un aboutissement des plus heureux pour

Serge Kampf qui pense ainsi en avoir terminé, de surcroît dans de bonnes conditions, avec la Cisi. Las ! Le 26 octobre, Jean-Claude Pellissolo, le nouveau Délégué à l'Informatique, convoque Patrick Nollet et Serge Kampf dans son bureau de la rue du Cherche-Midi. Au premier, le Délégué fait part du veto absolu du gouvernement français au projet EDS. « *Pas question pour la Cisi de céder ses actions aux Américains* » ordonne-t-il à l'industriel sur un ton qui se veut définitif. « *Et pas question non plus de voir la moindre parcelle de Cap Gemini Sogeti en d'autres mains que françaises* », lance-t-il cette fois à l'intention de Serge Kampf. Deux années après avoir « tué » le Plan Calcul en vendant la CII à Honeywell-Bull, les pouvoirs publics s'accrochent encore à leur grand projet d'informatique française. Pour Serge Kampf, c'est une véritable douche glacée. A Dallas, c'est la stupéfaction. Patrick Nollet, lui, n'a d'autre choix que de s'incliner. Dans son immense majorité, la presse qui a suivi l'affaire donne raison au gouvernement...

34 % immobilisés en pure perte ! La décision sans appel de Jean-Claude Pellissolo n'est assurément pas faite pour arranger les affaires de Serge Kampf. Elle repousse à des jours meilleurs l'entrée d'un partenaire véritablement utile pour Cap Gemini Sogeti sans compter qu'elle tue dans l'œuf la perspective d'une grande alliance franco-américaine que le groupe français aurait bien été le premier à tenter[1]. Sans doute Serge Kampf n'est-il pas tout à fait en panne de projet. En mars 1979, grâce à Daniel Setbon qui le connaît bien, une participation de 10 % est vendue en nue-propriété à Jean-Charles Lignel, le patron du Progrès de Lyon. Pour l'occasion, Serge Kampf a cédé des actions qu'il avait rachetées plus tôt – et au prix d'un nouvel endettement – à d'anciens dirigeants du Cap sur le départ, complétées de quelques titres supplémentaires vendus par ses collaborateurs de la « Société 5 » ! Quelques mois plus tard, en octobre, c'est au tour de l'équipementier

---

1. Lui succédera, bien des années plus tard, une alliance franco-allemande qui ne manquera pas non plus de susciter les critiques du gouvernement. Nous y reviendrons...

aéronautique anglais International Aeradio Limited (IAL), filiale de British Airways, de prendre 10 % du groupe français qui se voit ainsi ouvrir des marchés prometteurs. Cette fois encore, Serge Kampf a pris sur ses parts personnelles et sur celles de son équipe. A la fin de l'année, Serge Kampf ne contrôle plus que 43 % du capital de son groupe. S'il reste majoritaire en droit de vote (53 %), il n'en a pas moins une marge de manœuvre réduite et dispose de très peu de réserves pour accueillir un nouveau partenaire.

Le suspens va durer encore près d'un an. Jusqu'à ce 9 septembre 1980 où la Cisi accepte enfin de se retirer de Cap Gemini Sogeti. Sans doute les pressions incessantes de Serge Kampf auprès de Patrick Nollet y sont-elles pour beaucoup. A son homologue du groupe public, le patron du groupe grenoblois ne se prive pas de dire tout le mal qu'il pense d'une situation qui ne mène à rien. Mais Patrick Nollet est aussi poussé par ses propres impératifs. Depuis 1979, la firme qu'il dirige est engagée dans une politique de croissance externe très active. Pour cette seule année, la Cisi a en effet pris des participations majoritaires dans cinq sociétés de services informatiques, en France mais également aux Etats-Unis, au Canada, en Italie et en Espagne. D'autres projets sont à l'étude. Pour les mener à bien, il faut à l'entreprise de l'argent. La cession des 34 % qu'elle détient dans Cap Gemini Sogeti l'aidera à se constituer un trésor de guerre. L'opération lui rapporte au total 75 millions de francs. Sept ans plus tôt, la filiale du CEA avait payé 18 millions de francs sa participation dans Sogeti... Patrick Nollet y retrouve incontestablement ses petits.

Pour l'heure, c'est à un pool bancaire constitué à l'initiative de Serge Kampf que le patron du groupe public cède les 34 % qu'il détient dans Cap Gemini Sogeti. Le Crédit Lyonnais pour 18,4 %, la Société lyonnaise de banque pour 11,8 % et le Groupe Drouot pour le solde, soit 3,8 % reçoivent en fait pour mission d'assurer le « portage » de ces actions en attendant que Serge Kampf statue sur leur sort.

Maintenant qu'il a recouvré toute sa liberté d'action, l'entrepreneur a le choix. Recherche d'un nouveau partenaire ou entrée en Bourse ? En cette fin d'année 1980, les deux options sont ouvertes...

En juin 1981, lorsqu'il s'adresse à Grenoble à ses actionnaires et à la presse, tout indique que c'est la seconde solution qui l'a emporté. Sans doute le patron de Cap Gemini Sogeti prend t-il bien soin de maintenir le suspens et de n'indiquer aucune échéance. « *Cette cession, si elle va plutôt dans le sens d'une introduction en Bourse, ne rend en aucune manière celle-ci inéluctable ni impossible une association avec un autre partenaire industriel* », déclare-t-il ainsi aux analystes qui l'interrogent sur les conséquences de la sortie de la Cisi. Reste que, dans les semaines qui suivent, les préparatifs se multiplient. Augmentation de 10 millions de francs du capital, porté de 34 à 44 millions de francs, multiplication par deux du nombre d'actions par réduction de leur valeur nominale, et surtout possibilité donnée aux actionnaires de choisir la forme « au porteur » pour leurs actions. Manifestement, Cap Gemini Sogeti se met en ordre de bataille en prévision de l'opération. Résolument optimiste, le *Journal des Finances* souligne d'ailleurs, dans son numéro du lendemain, qu'il « *existe une chance sérieuse d'introduction en Bourse de cette société* ».

La « petite révolution politique » sur laquelle Serge Kampf ironisait quelques semaines plus tôt en décidera autrement. C'est que l'arrivée au pouvoir de François Mitterrand, le 10 mai 1981, a soulevé un vent de panique dans les couloirs du siège de Cap Gemini Sogeti comme, d'ailleurs, dans l'immense majorité des groupes français. Dès l'élection du nouveau président, Serge Kampf, qui a là-bas la moitié de sa famille, se repose la question de savoir s'il ne va pas repartir en Suisse avec armes et bagages. Les sujets d'inquiétude sont nombreux : les projets de nationalisation, qui risquent de remettre en cause bien des situations acquises, les incertitudes quant à l'avenir des sociétés d'intérim, ces « esclavagistes », bête noire de la nouvelle majorité (et auxquelles sont assimilées les SSII en raison du poids qu'occupe encore le « body-shopping »), l'effondrement de la Bourse, la méfiance des opérateurs, autant de variables qui incitent à se donner un peu de temps. La dégradation de la situation économique et la faiblesse persistante de la Bourse auront finalement raison du projet. Le 10 mars 1982, Cap Gemini Sogeti annonce officiellement le report à des jours meilleurs de l'introduction en Bourse...

A cette date, il y a quelque temps déjà que le groupe s'est mis en chasse d'un partenaire susceptible de reprendre les 34 % logés dans le pool bancaire. Tout a commencé, en fait, au début de l'année 1982 lorsque Bruno Roger est allé discuter avec Serge Kampf des perspectives de son groupe. En pleine époque des nationalisations, l'inamovible associé-gérant de la Banque Lazard ne croit plus guère à une entrée en Bourse. « *Il faut vous adosser à un groupe puissant afin de faire de la croissance externe* », conseille-t-il en substance à un Kampf qui, lui aussi, mûrit des doutes de plus en plus prononcés sur une introduction à brève échéance. Dans la foulée, Bruno Roger annonce qu'il tient peut-être le partenaire idéal. Son nom : la Compagnie générale d'industrie et de participations (CGIP) d'Ernest-Antoine Seillière. Celui-ci, révèle le banquier à son interlocuteur, l'a appelé quelques semaines plus tôt pour lui faire part de son intérêt pour Cap Gemini Sogeti. La balle, désormais, est dans le camp de Serge Kampf...

La CGIP, pourquoi pas ? De cet holding familial, le patron de Cap Gemini Sogeti connaît les fondamentaux. Créée en 1976 pour loger les actifs non sidérurgiques de la famille Wendel, propriétaire du groupe Sacilor-Sollac, cette structure a vraiment démarré le 20 septembre 1978 lorsque l'Etat s'est avisé de nationaliser Sacilor-Sollac en pleine crise, laissant à la famille une cinquantaine de filiales et de sous-filiales. Sur cet ensemble hétéroclite, Ernest-Antoine Seillière – fermement soutenu par son oncle Pierre Célier – a décidé de rebâtir un empire. Propulsé très vite en première ligne, cet énarque affable passé par le Quai d'Orsay et familier des cabinets ministériels a très tôt compris que l'avenir était dans les services et les technologies de pointe et que la famille devait tourner le dos à l'industrie lourde. Une révolution culturelle difficile à faire accepter à ses actionnaires mais qu'Ernest-Antoine Seillière, fort de ses talents de diplomate, est finalement parvenu à faire avaliser par les autres membres du « clan » Wendel. Désormais, la CGIP prendra des participations dans des sociétés « porteuses » dont elle aura vocation à accompagner le développement. Car Ernest-Antoine Seillière a, en matière d'investissement, une religion. Adepte d'une gestion souple et décentralisée, il veut être « l'actionnaire-entrepreneur » d'un nombre limité de sociétés dont il guidera la stratégie en leur assurant la stabilité de leur capital, les appuis financiers et les occasions de développement. Un atout de poids aux yeux de Serge Kampf qui n'a guère envie de revivre l'aventure Cisi...

L'offre transmise par la Banque Lazard donne bien sûr lieu à de nombreuses discussions en interne. Plusieurs membres du Comité exécutif soulèvent ainsi la question de l'indépendance du groupe, pierre angulaire de son développement depuis les origines. *« En acceptant la CGIP, le Groupe ne vendra-t-il pas son âme ? »* s'inquiètent-ils en substance. Mais les arguments en faveur de l'opération, chaudement défendue par Serge Kampf, finissent par l'emporter. S'il n'est pas question de brader l'indépendance du groupe, rappelle-t-il à ses collaborateurs – « *Plutôt que de la voir monter sur la plus haute marche du podium, je préfère encore garder à Cap Gemini Sogeti l'indépendance qu'elle a su jalousement et courageusement garder jusqu'à ce jour* », dira-t-il un peu plus tard à un journaliste de *Bureautique et Informatique* – l'arrivée d'un vrai partenaire lui sera des plus utiles pour financer ses développements à venir. Compte tenu de la philosophie qui l'anime, la CGIP constitue, effectivement, le partenaire idéal...

Le 19 mars 1982, dans la salle à manger de la Banque Lazard qui a vu se nouer tant d'affaires et sous la houlette de Bruno Roger, se tient la première rencontre entre Serge Kampf et Ernest-Antoine Seillière. Entre les deux hommes, le contact passe immédiatement et tourne au « coup de foudre mutuel ». Le patron de la CGIP est également impressionné par la qualité des hommes qui entourent Serge Kampf. De Daniel Setbon, qualifié de « *meilleur financier de France* » à Michel Jalabert dont il ne se prive pas de souligner les remarquables talents de négociateur en passant par Alain Lemaire et Christer Ugander, Ernest-Antoine Seillière ne tarit pas d'éloges sur les membres du Comité exécutif. Les négociations n'en sont que plus faciles : le 15 octobre 1982, la CGIP reprend les 34 % que lui propose Cap Gemini Sogeti. La transaction s'effectue pour un peu plus de 200 millions de francs, soit une évaluation neuf fois supérieure à celle qui avait été établie en 1973 lors de l'achat des actions du groupe par la Cisi et près de trois fois supérieure à celle effectuée en septembre 1980 lors de la revente de ces mêmes actions au pool bancaire. Il est vrai qu'en l'espace de deux ans, le chiffre d'affaires de Cap Gemini Sogeti a presque doublé, franchissant la barre du milliard de francs, et que le groupe s'est fortement renforcé aux Etats-Unis... L'opération, en tout cas, représente un formidable apport d'argent frais pour la SSII dont le développement international, notamment en Europe, n'en est encore qu'à ses prémices et qui, en France, se prépare à finaliser une opération des plus importantes : l'acquisition – partielle – de Sesa, leader incontesté de l'intégration de systèmes et des réseaux de transmission de données.

Vers l'intégration de systèmes

Lorsqu'en décembre 1982, à la suite d'un concours de circonstances favorables, Cap Gemini Sogeti entre dans le capital de Sesa, il y a longtemps déjà que le groupe s'intéresse aux réseaux. En fait, depuis ce jour de 1980 où il a fait une entrée remarquée sur le marché de la télématique. L'affaire s'est nouée lorsque Gérard Théry, le tout-puissant patron de la Direction générale des télécommunications (DGT), a retenu, parmi d'autres intervenants, Cap Gemini Sogeti pour développer le projet d'annuaire électronique « Minitel ». Ce projet très complexe et dont les enjeux politiques, techniques et financiers sont proprement immenses va faire beaucoup pour la notoriété et la réputation de la firme. C'est à partir de ce moment que la presse va suivre de près la vie du groupe et rendre compte des différentes étapes de son développement. Surtout, à l'heure où Serge Kampf achève de se désengager de ses activités « machines » pour se renforcer dans les prestations intellectuelles, le projet Annuaire Electronique va lui permettre de développer un savoir-faire dans le domaine très complexe de l'architecture de réseaux, prélude à son entrée sur le marché d'avenir de l'intégration de systèmes.

Erigée en grande cause nationale par le gouvernement, vitrine à l'export du savoir-faire français en matière de télécommunications, véritable coqueluche des médias de tout bord – « *mot magique jeté en pâture aux journalistes* » écrira même, en septembre 1982, un journaliste des *Echos* – la « télématique » comme l'ont baptisée en 1979 Simon Nora et Alain Minc dans leur rapport resté célèbre, bénéficie d'emblée de toute l'attention des pouvoirs publics et de moyens considérables. L'enjeu, il est vrai, est d'importance. Dans la foulée de la décision prise en 1975 par Valéry Giscard d'Estaing d'inscrire les télécommunications parmi les priorités du Cinquième Plan, il s'agit de rien moins que connecter au Minitel, en l'espace d'une dizaine d'années, 30 millions d'abonnés au téléphone. Une manne de près de 20 milliards de francs que se disputent toutes les grandes firmes françaises et étrangères. Pour la réalisation du terminal, la concurrence se joue ainsi entre une quinzaine d'intervenants parmi lesquels Thomson, Philips, Telic, Matra et Alcatel. Du côté du développement du logiciel, toutes les grandes SSII sont parties prenantes. Deux consortiums sont retenus : l'un, composé d'Alcatel et de Sesa, pour la conception d'un modèle de terminal et d'un système complet de consultation, l'autre, associant CII-Honeywell-Bull et Cap Gemini Sogeti – et constitué à son initiative –, pour le développement du logiciel de l'annuaire.

Au début des années 80, Cap Gemini Sogeti est ainsi, avec Sesa, l'une des toutes premières SSII à prendre le virage de la télématique et à faire de l'architecture de réseaux l'un des piliers de son offre. Dans la foulée du projet Annuaire Electronique, qui sera inauguré en 1983 à Saint-Malo, le groupe pousse les feux sur ce nouveau marché. Dès l'été 1981, alors que la cession d'Eurinfor à la Caisse des Dépôts et Consignations n'est pas encore finalisée, Cap Gemini Sogeti s'associe avec la DGT, le journal *Les Echos*, Unitel et CCS pour créer aux Etats-Unis une société de promotion du tout nouveau système Antiope, un système de télétexte qui utilise la transmission par ondes hertziennes. L'enjeu est de conquérir le premier marché mondial de la télématique, crédité de près de 20 millions de connexions en 1990 ! En première ligne sur ce dossier, la division Logiciel de Cap Gemini Sogeti sera chargée de la mise en œuvre des logiciels de programmation. Cette même année 1981, le groupe renforce encore sa présence sur le marché de la télématique en se voyant confier successivement la maîtrise d'œuvre de deux réseaux spécialisés pour la Marine nationale et l'armée de l'air, le câblage en fibres optiques de la ville de Biarritz et enfin la réalisation du logiciel du centre de gestion du réseau par satellite Télécom 1 dont la mise en orbite est prévue pour 1983. Deux ans à peine après le lancement du projet Annuaire Electronique, Cap Gemini Sogeti est déjà un acteur de référence dans le domaine de l'ingénierie de grands projets et la réalisation de réseaux. Un secteur où elle entre de plus en plus souvent en contact avec Sesa, qui est à la fois son adversaire et son partenaire dans l'aventure Minitel. En décembre 1982, un concours de circonstances va faire passer Cap Gemini Sogeti du statut de concurrent à celui d'actionnaire de référence de Sesa.

En cette fin d'année 1982, Sesa fait incontestablement figure de « grand » du service informatique en France. Fondée en 1964, on l'a dit, par deux polytechniciens issus de l'armée de l'air, Jacques Arnould et Jacques Stern, l'entreprise s'était spécialisée dès le départ dans l'étude, la conception et la réalisation de systèmes complexes, d'abord pour l'armée puis pour l'industrie, les transports et les télécommunications. Au début des années 80, elle emploie 1 000 personnes et génère un chiffre d'affaires de 220 millions de francs. Présente aux Etats-Unis, en Allemagne, en Grande-Bretagne, au Benelux et en Italie, Sesa est alors le premier fournisseur mondial de réseaux de transmissions de données, un marché qu'elle contrôle à près de 50 % ! L'essor de la télématique fera sa fortune. A partir de 1981, son chiffre d'affaires croît de plus de 30 % par an. En 1985, il aura dépassé 700 millions de francs !

Comme pour le Cap en 1973, c'est à la faveur d'un mouvement de titres que Cap Gemini Sogeti se voit offrir la possibilité d'entrer dans Sesa. Au début des années 1980, le capital de l'entreprise est en effet réparti entre la Compagnie générale d'électricité (CGE), qui détient 46 % des titres, Jacques Stern (35 %), le management (9 %) et la société Seret (5 %), un volant de 5 % restant en outre à la disposition du management pour toute opération qu'il souhaiterait réaliser. Des positions en apparence équilibrées, jusqu'à ce jour de l'hiver 1982 où le gouvernement de Pierre Mauroy offre à Jacques Stern de prendre la présidence de la Compagnie Bull qu'il s'apprête à nationaliser. Une proposition qui va placer Cap Gemini Sogeti en première ligne.

S'il accepte l'offre du gouvernement, Jacques Stern décide en effet de céder au préalable l'intégralité des actions qu'il possède dans Sesa. D'une honnêteté scrupuleuse, l'industriel entend en effet éviter un conflit d'intérêt entre sa nouvelle situation de patron d'un groupe public et son statut d'actionnaire de référence d'un groupe privé travaillant dans le même secteur. Fort de ces principes, il charge Bruno Roger de lui trouver un acquéreur. L'associé de la Banque Lazard pense aussitôt à Serge Kampf. Celui-ci ne se fait pas prier. Au moment où son groupe entreprend de développer un savoir-faire dans l'ingénierie de grands systèmes via la télématique, l'entrée dans le capital de Sesa, fût-elle limitée à 35 % seulement, lui fournira un poste d'observation privilégié chez l'un de ses principaux concurrents. Surtout, elle lui permettra de mettre un pied dans l'intégration de systèmes, un métier dont il n'ignore pas qu'il est en pleine expansion. Une étude statistique réalisée par Cap Gemini Sogeti quelques mois plus tôt a chiffré à 40 % l'an le taux de croissance de cette prestation entre 1978 et 1981 quand les prestations intellectuelles classiques ne progresseraient « que » de 25 % et les prestations machines de 16 %. En clair, l'offre transmise par Lazard constitue une formidable opportunité de se positionner sur un « créneau » porteur.

L'affaire est rondement menée. Le 8 décembre 1982, Cap Gemini Sogeti reprend les 35 % du capital de Sesa mis en vente par Jacques Stern. L'opération se fait avec la bénédiction du management de l'entreprise, bien évidemment consulté. Nommé président en remplacement de Stern, Jacques Arnould ne trouve en effet rien à redire à l'arrivée de ce nouvel actionnaire avec lequel il travaille depuis 1980 sur le projet Minitel et avec lequel il entretient de bonnes relations. Elle suscite en revanche la colère de la CGE, violemment opposée à l'entrée de Cap Gemini Sogeti dans l'entreprise. Une opposition qui aurait pu faire avorter le projet si Serge Kampf n'avait à nouveau bénéficié d'un incroyable coup de chance. Pour des raisons fiscales, Jacques Stern a en effet logé ses actions dans une petite société familiale totalement indépendante de Sesa, une disposition qui autorise une cession sans agrément des autres associés ! Pour le groupe de Georges Pébereau, l'humiliation est cuisante. C'est le début d'une guerre éclair. Incapable de s'opposer à l'opération, le patron de la CGE choisit en effet de monter en puissance dans le capital de Sesa en reprenant les parts de la Seret, portant ainsi sa participation à 51 %. De son côté, le management de Sesa décide de céder à Cap Gemini Sogeti le volant de 5 % dont elle dispose. Au début de l'année 1983, Serge Kampf est ainsi parvenu à ramasser 40% des actions de son concurrent et à en devenir l'un des actionnaires de référence. Les positions, dès lors, sont figées. Elles le resteront pendant plus de quatre ans. La guerre éclair est devenue guerre de tranchée...

L'entrée en Bourse, enfin !

A défaut de gérer une fusion avec Sesa, les dirigeants de Cap Gemini Sogeti s'occuperont donc d'un autre projet d'envergure : l'entrée en Bourse. Depuis le coup raté de mars 1982, Serge Kampf et son équipe n'ont en effet jamais cessé de penser à l'introduction en Bourse. Le poids économique du groupe, ses perspectives de croissance, ses projets à l'international, la présence de la CGIP dans son capital, la réputation dont elle bénéficie auprès des analystes sans parler de sa notoriété qui en fait un véritable « chouchou » des médias, autant de variables qui rendent l'opération inéluctable. Cependant, prudence oblige : le groupe garde un profil bas sur ses projets, Serge Kampf imposant sur ce sujet un silence radio total à ses collaborateurs. Pas question, comme cela avait été le cas en 1981, de petites phrases et de déclarations énigmatiques émanant de tel ou tel collaborateur. *« Y penser toujours, n'en parler jamais. »* A la manière des hommes politiques de la IIIe République qu'obsédait la question alsacienne mais qui se gardaient bien de revendiquer quoi que ce soit, le groupe se tient volontairement dans une prudente réserve...

Dans les coulisses pourtant, on travaille activement sur le dossier. Au milieu de l'année 1983, Bruno Roger est revenu voir Serge Kampf.

Les deux hommes ont longuement parlé de la conjoncture et des perspectives nouvelles qui s'offrent au groupe. Au menu des discussions, le grand tournant de la rigueur, annoncé officiellement par le gouvernement Mauroy le 21 mars et qui devrait entraîner une embellie sur le front économique, mais aussi, et surtout, la création, le 1er février 1983, du Second Marché. Plus particulièrement destiné aux entreprises en fort développement, celui-ci serait tout à fait indiqué pour accueillir un groupe comme Cap Gemini en attendant son inscription à la cote officielle. D'autant, et le point est d'importance, que depuis le début de l'année 1983 et après plus d'une année en creux, la Bourse de Paris est repartie à la hausse, signe que les marchés ont appris à vivre avec « l'exception française »...

Le projet est mûri tout au long de l'année 1984 et dans les premiers mois de l'année suivante. En avril 1985 enfin, alors que le marché fait preuve d'une grande fermeté et que les valeurs liées à l'informatique connaissent des hausses remarquables, la direction du groupe annonce officiellement son introduction au Second Marché pour le vendredi 7 juin suivant. La nouvelle est très bien accueillie tant par la presse économique que par la presse spécialisée qui, depuis plusieurs mois, spéculent sur l'opération. Signe de la notoriété dont bénéficie l'entreprise, Serge Kampf, pourtant patron d'un groupe international, ne prend même pas la peine de sacrifier à l'incontournable « road show »... Daniel Setbon et Michel Jalabert se contenteront de quelques réunions d'investisseurs, pour la plupart en France...

« *Cap Gemini : le grand rush* », titre *La Tribune* du 11 juin rendant compte des débuts de la cotation. De fait, l'opération surprend par son succès, autant les analystes que la direction générale du groupe. Alors que 326 250 actions (soit 10 % du capital) étaient offertes au prix unitaire de 650 francs, la demande porte sur plus de 40 millions de titres, soit 123 fois l'offre ! « *Tous les records ont été battus vendredi* » souligne

Les Echos du lundi suivant. Le déséquilibre entre l'offre et la demande est tel que les autorités boursières décident, en accord avec les introducteurs, d'interrompre la cotation et de recourir, pour le 12 juin, à la procédure de l'offre publique de vente au prix de 875 francs ! Cette augmentation de 35 % du prix de souscription ne décourage pas les amateurs. Le jour dit, ils sont encore plus de neuf millions à demander des titres et moins de 3 % d'entre eux pourront être servis. Dans les jours suivants, le cours poursuit sur sa lancée. Le 17 juin, alors que le groupe s'apprête à annoncer un chiffre d'affaires de 2,2 milliards de francs en hausse de 22 % par rapport à l'année précédente, il clôture à 1 100 francs. En décembre, il atteindra 1 388 francs, soit une capitalisation boursière de 4,5 milliards de francs et une augmentation de près de 60 % en six mois et demi ! Du jamais vu dans la jeune histoire du Second Marché et que l'on ne retrouvera pas de sitôt...

En ce milieu du mois de juin 1985, Serge Kampf a donc accompli le rêve de tout entrepreneur : introduire sa société en Bourse. Dix ans après la double acquisition de Cap et de Gemini, moins de vingt ans après le démarrage de l'aventure Sogeti, le groupe vient de franchir une étape majeure de son histoire. L'opération donne au groupe un poids, une visibilité et une crédibilité financières accrus à l'heure où il s'apprête à se renforcer encore sur les marchés qui sont les siens...

Préparer l'avenir

Février 1983. Pierre Audouin, ancien secrétaire général de la Délégation à l'Informatique reconverti depuis peu dans le conseil, remet à Serge Kampf l'étude stratégique que celui-ci lui a commandée quelques mois plus tôt. Intitulé « Le Groupe Cap Gemini Sogeti et les dix prochaines années », le document, épais d'une soixantaine de pages et bourré de statistiques, passe en revue les métiers du groupe et ses perspectives de développement à l'horizon des années 90. Il est sans appel : « *Le marché des prestations intellectuelles traditionnelles sur lequel le groupe Cap Gemini Sogeti réalise une part prépondérante de son chiffre d'affaires, continuera certes à se développer au cours des prochaines années,* écrit notamment Pierre Audouin, *mais à un rythme moins soutenu. Au niveau des prestations, on va assister au développement de solutions clés en main ; au niveau technologique, à une interpénétration croissante des nouvelles techniques et des applications nouvelles qui exigera des compétences accrues en micro-informatique, télématique, bureautique et robotique ; au niveau des entreprises enfin, les constructeurs vont développer de plus en plus des stratégies intégrées visant à offrir des solutions globales... IBM sera le concurrent le plus dangereux.* »

Ces conclusions ne surprennent pas Serge Kampf. Pour tout dire, il les a même largement anticipées. Ne vient-il pas, alors que Pierre Audouin mettait la dernière main à son étude, de prendre une participation de 40 % dans Sesa, faisant ainsi une entrée discrète sur le marché de l'intégration de systèmes ? S'il n'a donc pas lieu d'être surpris par les recommandations de l'ancien fonctionnaire de la Délégation à l'Informatique, le patron de Cap Gemini Sogeti ne peut qu'y trouver en revanche de nouveaux arguments pour terminer ce qu'il a commencé. En clair : prendre le contrôle de Sesa.

Il mettra quatre ans pour y parvenir. Dès le départ en effet, il apparaît que la CGE n'a pas l'intention de céder les 51 % qu'elle détient dans Sesa. « *Activité stratégique* » répond avec une belle constance Georges Pébereau aux différents ballons d'essai que Serge Kampf lui adresse par l'intermédiaire de la Banque Lazard. De son côté, le management de Sesa a clairement choisi son camp. Après s'être longtemps accommodé d'une situation qui avait l'immense avantage de neutraliser ses deux principaux actionnaires, Jacques Arnould travaille désormais de concert avec Serge Kampf et s'active à pousser dehors la CGE. Pour le président de Sesa, il est temps en effet qu'un terme soit mis à cette situation qui complique singulièrement la gestion de l'entreprise et qui l'oblige à d'incessants numéros de diplomatie. A l'heure où le marché du service informatique s'apprête à connaître d'importantes transformations, il faut à Sesa un partenaire stable et, surtout, lié aux métiers qui sont les siens. Mais pas plus que Serge Kampf, Jacques Arnould n'obtient de succès au cours de ces innombrables démarches auprès de George Pébereau puis de son successeur à partir de 1986, Pierre Suard. Le patron de la CGE reste inébranlable. Au soir du 1er mai 1987 encore, Pierre Suard, au milieu d'un « road show » avec David Dautresme, fait répondre à Serge Kampf qu'il n'a pas l'intention de céder ses actions et qu'il faudra continuer de compter avec lui.

Pourtant, et contre toute attente, la situation se débloque brusquement deux mois plus tard. Est-ce la privatisation de la CGE, prononcée le 5 mai par le gouvernement de Jacques Chirac, qui décide Pierre Suard à sauter le pas, ou bien ses projets de recentrage sur les télécoms, les câbles et les composants ? Difficile à dire. Toujours est-il que le 27 juillet, après un déjeuner offert dix jours plus tôt par Jean Silvère, directeur financier de la Compagnie, à Serge Kampf, Daniel Setbon et Michel Jalabert, le CGE accepte de vendre à Cap Gemini Sogeti les 51 % qu'elle détient dans Sesa depuis 1977. L'opération – dont le montant, resté secret, avoisine le demi-milliard de francs – représente un formidable « bond en avant » pour Cap Gemini Sogeti qui grossit d'un coup de 1 600 personnes et d'un chiffre d'affaires annuel de l'ordre du milliard de francs. Surtout, elle lui permet de développer un savoir-faire à part entière dans l'intégration de systèmes et de s'assurer de positions de premier plan dans le secteur des télécommunications, des grands systèmes de défense et des réseaux de transmission de données.

Mission accomplie pour Serge Kampf ? En ce milieu d'année 1987, le patron de Cap Gemini Sogeti peut en effet estimer avoir fait franchir à son groupe une étape décisive. Il n'ignore pas pour autant les mouvements continuels qui agitent le marché sur lequel il est installé et qui, à ce moment, redonnent corps à l'une de ses plus vieilles intuitions : la complémentarité entre le service informatique et le conseil. N'est-ce pas elle qui l'a convaincu de prendre, au terme d'une bataille épique dont on a retracé plus haut les enjeux, une participation dans Bossard ? Pierre Audouin lui-même n'a-t-il pas parlé, dès 1983, de la nécessité de développer des « solutions globales » ? Une nouvelle étude commandée en 1987 par Serge Kampf, cette fois à Jean-Pierre Brûlé, l'ancien patron d'Honeywell-Bull, lui aussi installé à son compte, confirme cette intuition : des tendances lourdes se dégagent, explique le consultant, qui poussent à une meilleure collaboration, voire à une interpénétration pure et simple, entre ces deux activités. En clair, l'intégration de systèmes n'a été qu'une première étape. Il faut désormais aller plus loin. Et vite...

Coïncidence ? Quatre ans après que Pierre Audouin a mis en garde le groupe contre IBM, « *son plus dangereux concurrent* » et quelques mois après que Jean-Pierre Brûlé a à son tour remis ses conclusions, Serge Kampf reçoit à Paris la visite d'un certain Pierre Hessler. L'homme n'est pas n'importe qui : vice-président d'IBM, il a en charge la politique marketing de la firme à l'échelle mondiale. Au patron de Cap Gemini Sogeti, il parle sans détours. S'il est là, explique-t-il à Serge Kampf, c'est pour lui proposer, au nom d'IBM, de racheter son entreprise ! Le géant de l'informatique, poursuit-il, est décidé à pousser les feux sur les services informatiques – une activité qu'il propose depuis 1969 mais qu'il n'a jamais vraiment développée – et, pour cela, de racheter un acteur majeur du secteur. Numéro 5 mondial des services informatiques, leader en Europe et bénéficiant d'une excellente réputation, Cap Gemini Sogeti intéresse vivement le constructeur. D'autant – mais cela Pierre Hessler ne le dit pas – que le groupe a un actionnariat très simple, ce qui pourrait faciliter les négociations...

Cette offre met en ébullition les rares personnes qui, au sein du groupe, sont mises dans la confidence. Ainsi le géant IBM, la bête noire de l'informatique française, l'ennemi juré du Plan Calcul, souhaite racheter Cap Gemini Sogeti ! Pour les proches collaborateurs de Serge Kampf, dont beaucoup viennent de Bull où ils ont sucé le lait de l'antiaméricanisme, la proposition a un petit goût de revanche. IBM demandeur ? Voilà bien le monde à l'envers. Pour autant, la majorité penche pour le refus. Au nom du principe d'indépendance, bien sûr, mais aussi au nom de la liberté. L'entrée de Cap Gemini Sogeti dans le giron de l'Américain ne l'obligerait-elle pas à recommander systématiquement à ses clients du matériel IBM ? Une pratique totalement contraire aux principes qui guident le groupe depuis 1967. Sans compter les problèmes innombrables que ne manquerait pas d'entraîner l'intégration du groupe à un mastodonte de la taille d'IBM. Quant à Serge Kampf, ses sentiments sont plus contrastés. Lui aussi est passé par Bull. C'est même là qu'il a fait ses premières armes contre IBM. Tout comme ses collaborateurs également, il sait ce que signifierait une opération de cette nature : la fin de l'indépendance, l'obligation de préconiser du matériel américain...

Mais la proposition que lui fait Pierre Hessler n'en est pas moins flatteuse. Etre racheté par IBM, n'est-ce pas, pour tout industriel de l'informatique, une forme de consécration ? Sans compter qu'une telle opération, même si elle devait signifier la fin de l'indépendance, aurait, sur le plan des métiers, une certaine cohérence. Cela mérite d'aller y voir de plus près...

Des négociations s'ouvrent donc dans le plus grand secret dans les locaux de la CGIP et sous la houlette de la Banque Lazard. Elles dureront quelques mois à peine, avant de capoter. IBM a-t-il été trop sûr de lui, trop arrogant comme peut l'être un leader mondial ? A-t-il estimé qu'il pourrait facilement circonvenir Serge Kampf en lui offrant un gros chèque ? De son côté, Serge Kampf, après mûre réflexion, a-t-il estimé que le temps n'était pas venu de renoncer aux principes qui avaient assuré le succès du groupe ? Ou bien a-t-il pensé qu'un tel rapprochement, fût-il amical, n'était finalement pas souhaitable ? Quelles que soient les raisons de cet échec – un tel rapprochement aurait en tout état de cause entraîné une levée de boucliers des autorités françaises –, celui-ci a au moins pour conséquence d'accélérer, au sein du groupe, la prise de conscience de la nécessité de se doter d'un pôle conseil à part entière. A défaut de Cap Gemini Sogeti, entend-on dans les couloirs du siège, IBM ira voir ailleurs ou créera son propre pôle en interne[1]. Il faut donc agir vite, ne plus se contenter de liens assez lâches avec Bossard mais développer des vraies compétences en la matière. Dès la fin de l'année 1987, les dirigeants du groupe, et au premier rang Michel Jalabert, s'envolent pour une série de tournées d'exploration. Aux Etats-Unis, en Allemagne et jusqu'en Australie, des contacts sont noués avec plusieurs grands du conseil. Sans résultat dans l'immédiat. Mais une impulsion est donnée qui ne tardera pas à porter ses fruits.

En 1989, fort d'un chiffre d'affaires de plus de 7 milliards de francs et d'un peu plus de 12 000 collaborateurs, Cap Gemini Sogeti est devenu un « grand » du service informatique dont rien ne semble devoir ralentir la croissance. L'année précédente, en avril 1988, le groupe s'est même « invité » dans le capital de l'un de ses principaux concurrents français, Sema Group, tout juste constitué par la fusion de Sema-Metra et de Cap UK, l'ancien partenaire du Cap dans Cap Europe. Décidée en quelques heures, cette prise de participation a

---

1. Ce qu'elle décidera effectivement de faire.

pour objet d'« entraver » Cap UK avec lequel Cap Gemini Sogeti était en pourparlers depuis plusieurs mois et qui a finalement choisi de se marier avec Sema-Metra.

L'opération vient opportunément rappeler que le groupe Cap Gemini Sogeti entend être un acteur qui compte dans le métier. Pour autant, alors que s'achève cette décennie décidément bien chargée, le groupe dirigé par Serge Kampf est à la croisée des chemins. L'arrivée de nouveaux concurrents, la course à la taille que se livrent entre eux les différents intervenants du marché de l'informatique, sans compter l'évolution de l'environnement technique et économique, autant d'éléments qui exigent de revoir en profondeur la stratégie du groupe.

Troisième acte
L'affirmation du leadership

L'avenir s'écrit à Marrakech

25 avril 1990. Dans les locaux du siège de Cap Gemini Sogeti, installé depuis novembre 1985 rue de Tilsitt, dans l'un des Hôtels des Maréchaux entourant l'Arc de triomphe – tout un symbole ! –, Serge Kampf retrouve ses collaborateurs les plus proches pour une réunion spéciale du Comité exécutif. Sont présents tous les dirigeants historiques du groupe : Daniel Setbon, Christer Ugander, Michel Berty et Michel Jalabert, mais aussi Bob Sywolski, le patron des affaires américaines qui a remplacé à ce poste Michel Berty, et Jacques Arnould, entré au Comité au lendemain de l'acquisition de Sesa et qui préside depuis aux destinées de Cap Sesa, l'entité française née de cette opération. Ordre du jour de la réunion : l'avenir du groupe et la définition de nouveaux axes de développement pour les quatre ou cinq ans à venir. Ce jour-là, c'est en fait toute la stratégie de Cap Gemini Sogeti, mais aussi sa structure et ses modes de fonctionnement, que Serge Kampf et son équipe s'apprêtent à mettre à plat. Les décisions qui seront prises lors de cette réunion auront des conséquences incalculables sur les destinées du groupe…

En ce début de printemps 1990, cela fait deux ou trois ans déjà que Cap Gemini Sogeti s'interroge sur son avenir. En 1989, faisant suite à celle de Jean-Pierre Brûlé qui avait mis en évidence l'importance du conseil dans l'offre des SSII, une nouvelle étude stratégique – la troisième depuis 1983 –, réalisée cette fois entièrement en interne, a entrepris d'ausculter de fond en comble le groupe. Entre des analyses très poussées consacrées aux marchés, aux clients et aux métiers du groupe, le document a exploré plusieurs voies de développement possibles, passé en revue les schémas d'organisation correspondants, avant de s'interroger sur la structure et l'évolution du capital de l'entreprise. L'enjeu ? A l'heure où l'explosion de la micro-informatique, la concurrence accrue entre sociétés spécialisées, l'arrivée de nouveaux acteurs et la mondialisation du marché modifient en profondeur le secteur des services informatiques, il s'agit de préparer une révision complète de la stratégie du groupe. Avec, pour objectif, de rester dans le peloton de tête...

Les conséquences ne se sont pas fait attendre. Dès 1989, une première étape a constitué à préparer l'ouverture du capital à un nouvel actionnaire. Au siège de Cap Gemini Sogeti, on est en effet convaincu que le groupe, pour continuer à se développer dans un marché de plus en plus concurrentiel et où le moindre investissement se chiffre en milliards de francs ou de dollars, a besoin de moyens supplémentaires que ni Serge Kampf et les managers du groupe – détenteurs de la majorité du capital – ni la CGIP ne sont en mesure de lui apporter. Au terme de longues discussions, les membres du Comité exécutif sont tombés d'accord sur la nécessité de faire rentrer un « partenaire d'envergure », en clair un grand groupe disposant de la surface financière suffisante pour investir dans une entreprise de la taille de Cap Gemini Sogeti.

L'étape suivante a consisté à définir et à préciser le profil de ce partenaire. Groupe industriel ou groupe financier ? A l'unanimité, le choix s'est finalement porté sur un groupe industriel, jugé plus stable – et plus fiable – qu'une banque ou une institution financière. A l'été 1989, afin de rendre possible cette opération, le groupe a entrepris de modifier ses structures internes. Un nouvel étage de contrôle a ainsi été créé afin de recueillir les 57,5 % que Serge Kampf et la CGIP détiennent dans le holding Sogeti. Baptisé « Skip » – abréviation de Serge Kampf et de CGIP –, il a permis de libérer 34 % du capital de Sogeti pour un éventuel partenaire sans pour autant compromettre l'indépendance du groupe. Dans la foulée, à l'occasion d'une conférence de presse tenue en octobre 1989, la direction de Cap Gemini Sogeti s'est attachée à diffuser le « portrait-robot » du partenaire souhaité. « *C'est un industriel plutôt qu'un financier, de préférence européen, car pour l'instant CGS est contrôlé par des capitaux exclusivement français alors que son activité est déjà largement internationale* », a notamment déclaré à *La Tribune* Serge Kampf, citant ATT, Daimler-Benz et un important groupe japonais parmi les candidats possibles. « *Une telle alliance*, a-t-il poursuivi, *nous permettra d'atteindre l'objectif que nous nous sommes fixé et qui est clairement de devenir le numéro un mondial des services informatiques.* » Autant d'appels du pied restés sans réponse dans l'immédiat, malgré quelques contacts avec France Télécom. Mais autant de signaux qui marquent le début des grandes manœuvres au sein du groupe.

Lorsque, ce 25 avril 1990, Serge Kampf et ses sept collaborateurs se retrouvent pour cette séance spéciale du Comité exécutif, la réflexion sur l'avenir du groupe est donc déjà bien engagée. Les grandes lignes du « plan de bataille » ont été arrêtées depuis plusieurs mois déjà et d'importantes décisions ont été prises dont certaines ont été rapidement suivies d'effet. La réunion qui s'annonce n'en est que plus importante. Dans le prolongement des mesures en cours ou en préparation, elle doit définir très précisément la stratégie de Cap Gemini Sogeti. Quelles orientations le groupe doit-il suivre ? Quels principes guideront son développement ? Quelle organisation faut-il choisir pour mettre toutes les chances de son côté ? Telles sont quelques-unes des interrogations auxquelles le management doit répondre ce jour-là. Des interrogations dont l'enjeu n'est rien moins que la capacité du groupe à évoluer sur ses marchés. Et à rester dans le peloton de tête des « grands » du secteur...

Sur ces questions d'une importance vitale pour Cap Gemini

Sogeti, les membres du Comité vont se prononcer... en quelques heures. Non que le choix ait été arrêté au préalable et que la séance du Comité ne soit qu'une formalité. Bien au contraire ! Dans l'affaire, Serge Kampf a en effet décidé de jouer à fond la carte de la démocratie et, pour cela, de procéder de façon plutôt originale. Sitôt ses collaborateurs installés autour de la table et après quelques échanges préliminaires, le patron de Cap Gemini Sogeti prend la parole. « *Il existe quatre grandes motivations susceptibles de guider l'action d'un entrepreneur*, explique-t-il en substance à ses compagnons. *Soit la volonté d'être son propre maître, soit celle de gagner de l'argent, soit celle d'exercer un pouvoir, soit encore celle d'assurer la survie de son entreprise.* » A chacune de ces grandes motivations de l'entrepreneur, poursuit Serge Kampf, correspond un objectif pour l'entreprise : l'indépendance dans le premier cas, la rentabilité dans le deuxième, le leadership dans le troisième et la pérennité dans le quatrième. Quatre mots clés mais aussi quatre stratégies possibles pour le groupe. L'objet de la réunion, dès lors, est des plus simples : « *je demande à chacun d'entre vous de classer ces quatre objectifs dans l'ordre qui lui paraît prioritaire* », lance Serge Kampf aux sept hommes interloqués. Le vote se fera à bulletin secret et s'effectuera en attribuant quatre points au premier objectif choisi, trois points au deuxième, deux points au troisième et un point au quatrième. L'objectif qui aura récolté le plus de points déterminera la stratégie du groupe pour les années à venir. Probablement du jamais vu dans toute l'histoire connue du capitalisme français ! Du jamais vu aussi pour Daniel Setbon, Christer Ugander, Michel Berty, Alain Lemaire, Michel Jalabert, Bob Sywolski et Jacques Arnould qui, s'ils connaissent bien leur patron qui leur en a fait voir bien d'autres, ne s'attendent pas du tout à ça ! A ce moment, tous ont le sentiment de vivre quelque chose d'exceptionnel...

D'autant que les surprises ne font que commencer ! Les résultats du vote sont en effet totalement inattendus. A une large majorité, les membres du Comité exécutif se sont prononcés en faveur du leadership, reléguant en dernière position l'objectif d'indépendance, pourtant considéré comme le principal moteur du développement du groupe depuis toujours ! Seul en fait le patron de Cap Gemini Sogeti a privilégié l'indépendance, plaçant le leadership en troisième position seulement derrière la rentabilité. Logique d'entrepreneur-propriétaire décidé à garder son pouvoir sur l'entreprise qu'il a créée contre logique de managers salariés, plus ouverts face à la mondialisation et à ses contraintes ? Différence d'appréciation sur les priorités qui doivent être celles du groupe ? Reste qu'en ce début des années 90, le management de Cap Gemini Sogeti fait clairement le choix du leadership, un choix dont il ne peut ignorer pourtant qu'il signifie, à plus ou moins brève échéance, la perte de contrôle du groupe au profit d'un partenaire extérieur. Le sens profond de ce vote n'échappe pas non plus à Serge Kampf. Lui aussi sait ce qu'implique, pour lui-même, la position prise par ses collaborateurs. Bien que « *sonné* », selon ses propres termes, par ce résultat auquel il ne s'attendait pas, le patron de Cap Gemini Sogeti n'en choisit pas moins de soutenir désormais l'opinion majoritaire et de mettre tout son poids dans la balance pour défendre l'objectif de leadership. Un ralliement qu'il justifie le jour même du vote par une phrase empruntée à Ledru-Rollin : « *Il faut bien que je les suive puisque je suis leur chef* »... Une première, là encore, dans l'histoire pourtant riche en péripéties diverses du capitalisme. Imagine-t-on un Bouygues ou un Pinault se rallier délibérément à une stratégie dont l'une des conséquences probables serait, au mieux de faire d'eux des salariés de luxe, au pire de les pousser tout droit vers la retraite ?

Au soir de ce 25 avril 1990, le management de Cap Gemini Sogeti a sans doute le sentiment d'avoir tourné une page essentielle de l'histoire du groupe. Sentiment justifié au demeurant ! Moins d'un an en effet a suffi pour préciser et officialiser la stratégie « d'ouverture » du capital, esquissée à l'été 1989, et fixer les grandes lignes d'une stratégie pour le groupe. Désormais, Cap Gemini Sogeti se développera « tous azimuts » partout dans le monde, non seulement dans le cœur de son métier, mais aussi dans de nouvelles activités comme le conseil et l'infogérance. Une stratégie ambitieuse, qui passe par de nombreuses acquisitions et qui, pour cette raison, s'annonce extrêmement vorace en capitaux. Pour financer les opérations à venir, le groupe pourra compter sur le partenaire qu'il appelle de ses vœux et dont il a défini le profil en octobre 1989. Un partenaire qui, pour prix de son engagement, se verra probablement reconnaître une option sur la totalité du capital du groupe. En ce début de printemps 1990, c'est bien une nouvelle page de son histoire que le groupe – et aussi Serge Kampf – s'apprêtent à écrire...

Reste encore à soumettre ce scénario aux autres managers du groupe. Une étape obligée chez Cap Gemini Sogeti. La tradition ne veut-elle pas que toute décision engageant l'avenir de l'entreprise soit débattue au grand jour et fasse l'objet d'un consensus aussi large que possible ? La question occupe entièrement les XVIIes Rencontres du Groupe qui se tiennent à Marrakech, du 7 au 10 juin, soit moins de deux mois après la séance du Comité exécutif. Dans cette ville du Sud marocain se retrouvent, trois jours durant, 550 managers venus de seize pays différents. Leur mission : décider de la stratégie qui sera celle du groupe pour les années à venir...

A Marrakech comme à Paris, mais cette fois par le truchement de moyens informatiques sophistiqués, c'est par un vote que l'on procède. Dès le premier jour des Rencontres et comme il l'avait fait quelques semaines plus tôt avec les membres de son Comité exécutif, Serge Kampf invite les managers du groupe à se prononcer sur les quatre objectifs stratégiques qu'il a définis. Cette fois encore, le résultat est inattendu :

alors qu'en avril, le Comité exécutif s'était clairement prononcé en faveur du leadership, la priorité est cette fois donnée à la rentabilité, suivie immédiatement par l'indépendance ! Un vote qui révèle un certain « décalage » entre les objectifs de la direction générale du groupe et les responsables opérationnels sur le terrain. Du moins Serge Kampf peut-il constater avec plaisir que les priorités mises en avant par les 550 managers sont beaucoup plus proches des siennes – il avait voté pour l'indépendance suivie immédiatement de la rentabilité – que de celles de ses collaborateurs les plus immédiats...

Mais ce vote ne constitue qu'une première étape. Le 10 juin, au troisième et dernier jour des Rencontres, Serge Kampf s'adresse à nouveau aux managers. Après avoir rappelé à ses troupes ce que sont, à ses yeux, les sept valeurs du groupe (l'honnêteté, la solidarité, la liberté, l'audace, la confiance, la simplicité, le plaisir), il leur demande de choisir – toujours par vote électronique – entre plusieurs schémas de développement stratégiques celui qu'ils veulent voir mis en œuvre dans les années à venir. Cette fois encore, l'enjeu est on ne peut plus clair : « *le scénario que vous choisirez sera celui qui sera appliqué et sur lequel le groupe bâtira son avenir* », avertit Serge Kampf. Trois scénarios sont présentés aux managers :

- le premier scénario, dit du « sanctuaire », est celui du renforcement du groupe dans ses métiers de base, assuré notamment par une coordination améliorée des différentes prestations proposées par le groupe. Ce schéma permettrait à Cap Gemini de renforcer les positions qu'il occupe localement mais n'aurait aucune conséquence sur la culture ou les structures du groupe.

- le deuxième scénario est plus agressif. Il vise à développer dans chacun des pays où il est implanté la totalité de la gamme des services informatiques, depuis le conseil jusqu'à l'intégration de systèmes. Plus ambitieux que le premier, ce scénario appelle d'importants changements dans l'organisation et la culture du groupe de façon à permettre une véritable « globalisation » et une réelle convergence de ses métiers à l'échelle mondiale.

- le troisième scénario est, de loin, le plus ambitieux. Son objectif est de faire de Cap Gemini Sogeti l'un des trois ou quatre leaders mondiaux dans le domaine du service informatique. Il comporte plusieurs volets : le renforcement de la présence de Cap Gemini Sogeti dans les grands pays européens où elle est encore insuffisante – principalement l'Angleterre et l'Allemagne – ; l'élargissement à l'*outsourcing* (l'ancien *facilities management*) de la gamme des services du groupe, pour l'heure limitée au développement de logiciels spécifiques et à l'intégration de systèmes ; la mise en œuvre d'une démarche commerciale plus ciblée, obtenue en complétant la couverture géographique du territoire par une approche par secteurs d'activité économique ; enfin la mise en place d'une nouvelle organisation visant à faire d'un groupe qui est encore à bien des égards une fédération de sociétés nationales une véritable entreprise transnationale.

Ambitieux et même conquérant, ce scénario est celui qu'ont choisi en avril Serge Kampf et les membres du Comité exécutif. Il comporte un corollaire dont les managers présents sont dûment avertis : l'ouverture du capital de Cap Gemini Sogeti à de nouveaux actionnaires susceptibles de lui apporter l'assise financière et les ressources financières dont il a besoin pour se développer. En clair, les 550 managers du groupe se voient investis de la lourde responsabilité de choisir entre des options aux implications bien différentes : soit le maintien de l'indépendance au risque d'un développement moins ambitieux, soit au contraire un développement plus ambitieux mais au risque d'une perte d'indépendance... Un choix cornélien.

Sans doute Serge Kampf et son équipe ont-ils eu tout le loisir, pendant les trois jours de débat, de prendre la température de leurs troupes et, surtout, de préparer le terrain. En petits comités ou en séances plénières, ils n'ont pas ménagé leurs efforts pour convaincre les 550 managers des mérites du scénario du « leadership ». Reste qu'à l'heure du choix, rien n'est joué d'avance et qu'une surprise est toujours possible. Le vote final se joue d'ailleurs à une courte majorité. Si le premier scénario, celui de l'exploitation intelligente du « sanctuaire », jugé trop timide par la majorité des participants, ne remporte que 12 % des suffrages exprimés, le second séduit tout de même 37 % des managers. En clair, 49 % des managers présents choisissent l'indépendance au risque d'un développement moins ambitieux. Avec 51 % des suffrages, le scénario du leadership mondial l'a emporté de justesse. Signe que l'indépendance fait encore largement recette chez les managers du groupe…

« *Nous avions choisi la conquête du monde* », résume, dix ans plus tard, Michel Berty, parlant de Marrakech. « *Marrakech ouvre l'ère de la chevauchée fantastique* » affirme de son côté Daniel Setbon. De fait, les orientations décidées et approuvées lors des XVIIes Rencontres sont mises en œuvre tambour battant. Dans les semaines qui suivent, une rafale d'acquisitions vient donner corps aux orientations décidées par les managers du groupe. Pour la plupart d'entre elles, les négociations ont commencé avant les Rencontres, parfois même avant la fameuse réunion du 25 avril ! Le mouvement s'accélère toutefois au cours de l'été, comme si Serge Kampf et son équipe n'avaient attendu que l'aval de leurs collaborateurs pour finaliser les opérations en cours et s'élancer sur d'autres pistes.

C'est d'abord, le 13 juillet, l'acquisition par Cap Gemini Sogeti de la société SCS, filiale allemande du groupe anglais SD Scicon. L'opération permet au groupe de se hisser à la deuxième place des services informatiques outre-Rhin, juste derrière Debis SystemHaus, la filiale services informatiques récemment créée par le groupe Daimler-

Benz. C'est ensuite, quelques jours plus tard, le 18 juillet, le rachat au groupe anglais Plessey, de sa filiale Hoskyns. L'opération a été négociée en un temps record : moins de huit jours au total entre les premiers contacts – qui datent du 10 juillet – et la signature du chèque, d'un montant de 2 milliards de francs ! Près de vingt ans après le début de l'aventure Eurinfor, cette opération marque le grand retour de Cap Gemini Sogeti dans le *facilities management*. Et quel retour ! Avec un chiffre d'affaires supérieur à 2 milliards de francs et un effectif de 3 500 personnes, Hoskyns est le leader incontesté de ce métier en Europe. Signe de l'importance qu'attache Serge Kampf à cette opération, Hoskyns est élevé au rang de groupe opérationnel à part entière tandis que son patron, Geoff Unwin, un chimiste de formation dont l'essentiel de la carrière s'est déroulée chez Hoskyns, fait son entrée au Comité exécutif.

C'est enfin, et peut-être surtout, la création d'un pôle conseil à part entière. La complémentarité des deux métiers est, on l'a dit, une idée ancienne chez Serge Kampf. C'est elle qui l'a poussé à prendre, dans les conditions évoquées plus haut, une participation de 49 % dans le groupe Bossard. C'est elle encore – mais aussi l'épisode IBM dont on a également parlé – qui, en 1988, a décidé le groupe à entreprendre une recherche active de partenaires, une mission confiée à Michel Jalabert lequel, en quelques mois, a multiplié les contacts un peu partout dans le monde. L'idée de donner corps à cette activité n'est donc pas nouvelle. Faute cependant d'être parvenu à nouer des partenariats avec un « grand » de la profession et n'espérant rien, dans l'immédiat, du côté de Bossard, Serge Kampf a finalement décidé de créer de toutes pièces son propre pôle conseil en procédant à des acquisitions.

Ici aussi, les choses ont démarré avant Marrakech, en fait dès le 1er mai 1990, avec l'achat, pour 100 millions de dollars, de la société américaine United Research Corporation. Le pas essentiel est cependant franchi en janvier 1991 avec la prise de contrôle d'une seconde société américaine, Mac Group, l'un des grands spécialistes du conseil en stratégie. Achetée elle aussi 100 millions de dollars, l'entreprise est fusionnée avec United Research Corporation puis avec Gamma International, un expert – français – en conseil en organisation que le groupe avait racheté en janvier 1990. L'ensemble ainsi créé prend le nom de Gemini Consulting. Juridiquement et structurellement indépendant de sa « maison mère », Gemini Consulting manifeste la volonté du groupe de se positionner très en amont dans le processus de décision de ses clients et d'offrir à ceux-ci des compétences venant soutenir ou compléter leurs propres réflexions sur la recherche de nouvelles orientations stratégiques, la transformation de leur organisation, la conception de nouveaux produits et la mise en œuvre de nouveaux systèmes de traitement de l'information. Au-delà de ses effets directs sur le groupe, la création de Gemini Consulting est aussi riche de symboles. C'est la première fois en effet qu'un groupe de services informatiques intègre un pôle conseil à part entière, une expérience qu'IBM et Arthur Andersen imiteront quelque temps plus tard. La reconnaissance d'une intuition à laquelle Serge Kampf n'a cessé de croire depuis 1967...

Au début de l'année 1991, le patron de Cap Gemini Sogeti et son équipe peuvent se vanter d'avoir rempli une bonne part du « contrat » de Marrakech. La première SSII européenne offre désormais une large palette de services qui vont du conseil en amont à l'*outsourcing* à l'aval. Avec un chiffre d'affaires de 9 milliards de francs et un effectif légèrement supérieur à 16 000 personnes, le groupe figure également en bonne place parmi les leaders mondiaux du secteur. Mission accomplie donc, pour le groupe. Ou du moins en partie. Car il lui faut à présent mener à bien l'autre volet du programme de Marrakech, le plus délicat aussi : l'entrée au capital d'un nouveau partenaire. L'affaire se noue quelques mois après la création de Gemini Consulting.

L'axe franco-allemand

Hôtel Crillon, mardi 23 juillet 1991, six heures du matin. Les banquiers et les avocats de Cap Gemini Sogeti et de Daimler-Benz, hagards après cinq jours et cinq nuits de négociations quasi ininterrompues, passent encore une fois au peigne fin les quelque trois cents pages de l'accord sur lequel ils travaillent depuis des mois. Quatre heures plus tard, au Ritz, Serge Kampf et Edzard Reuter, patron du géant industriel allemand, signent les documents et annoncent officiellement leurs fiançailles. Daimler-Benz investit la bagatelle de 5 milliards de francs pour prendre une participation de 34 % dans le holding de contrôle de la première société européenne de services informatiques. L'une des clauses de l'accord stipule que le groupe allemand aura sous certaines conditions la possibilité de prendre le contrôle de Cap Gemini Sogeti à partir de 1995. L'étape majeure, celle que le management du groupe français appelle de ses vœux depuis deux ans, vient d'être franchie...

Tout a commencé quinze mois auparavant, le 27 avril 1990, deux jours après le fameux vote du Comité exécutif qui a avalisé la stratégie de leadership. A l'initiative de Michael Blümenthal, l'ancien secrétaire au Trésor de Jimmy Carter, devenu associé-gérant de la Banque Lazard, une rencontre a été organisée ce jour-là entre la direction générale de Daimler-Benz – au conseil duquel siège également Michael Blümenthal – et celle de Cap Gemini Sogeti. Objet de ces discussions, qui se tiennent au siège du groupe allemand, à Stuttgart ? étudier les modalités d'un rapprochement entre les deux entreprises. Six mois après la conférence de presse au cours de laquelle il avait esquissé le portrait-robot de l'actionnaire idéal, Serge Kampf est toujours en quête d'un partenaire susceptible de faire « un bout de chemin » avec le leader européen des services informatiques. A l'exception d'un essai sans lendemain avec France Télécom, le groupe n'a cependant enregistré aucune réaction à son « appel du pied » d'octobre 1989. L'initiative de l'ancien secrétaire au Trésor est en fait la première « touche » vraiment sérieuse correspondant aux attentes du management de Cap Gemini Sogeti.

Et quelle touche ! Fort d'un chiffre d'affaires de 290 milliards de francs, Daimler-Benz est alors, et de loin, le premier groupe industriel européen. Ses activités vont de l'automobile à l'aéronautique en passant par l'armement, l'électronique et les services informatiques, un créneau dans lequel le géant allemand est entré récemment en créant sa propre société, Daimler-Benz Inter Services (Debis). Véritable groupe industriel, doté de surcroît d'une phénoménale puissance de feu financière, le géant de Stuttgart ne peut qu'intéresser Serge Kampf. Celui-ci n'avait-il pas, d'ailleurs, en octobre 1989, cité publiquement Daimler-Benz comme un des candidats possibles à un partenariat avec Cap Gemini Sogeti ? L'offre de services de Michael Blümenthal survient donc à point nommé. « *Daimler-Benz pourrait être le partenaire idéal*, explique l'entrepreneur à son entourage dans l'avion qui le mène à Stuttgart. *Les constructeurs automobiles intègrent beaucoup d'informatique. Avec les industriels de l'espace, ce sont peut-être les plus sensibles à ces synergies. En outre*, poursuit-il, *nos métiers sont très complémentaires de ceux de Debis. L'Allemand est spécialiste des progiciels industriels et nous avons l'expérience des services.* » Ce qu'il n'ajoute pas, c'est qu'un mariage entre les deux groupes pourrait aider à propulser Cap Gemini Sogeti au premier rang mondial, ambition affichée de Serge Kampf depuis 1989...

Cet intérêt est également partagé par son homologue allemand, Edzard Reuter. Sous sa férule et depuis 1985, la firme de Stuttgart s'est en effet livrée à une véritable boulimie d'acquisitions, rachetant successivement le motoriste d'aviation MTU, l'avionneur Dornier, le groupe d'électronique AEG et finalement le constructeur aéronautique

Messerschmidt-Bölkow-Blohm (MBB). Le leitmotiv d'Edzard Reuter tient alors en un mot : « doppelstrategie » (double stratégie). Ce que veut l'industriel c'est, d'un côté utiliser la haute technologie de l'aéronautique et de l'électronique pour ses voitures et, de l'autre côté, assurer la survie de Daimler au cas où son métier principal, l'automobile, tournerait moins bien. La création de Debis, réalisée dans les tout premiers jours de 1990, répond à cette stratégie même si, dans l'immédiat, la SSII travaille majoritairement pour les unités internes du groupe. Survenant quelques semaines après cet événement, l'hypothèse d'un rapprochement avec Cap Gemini Sogeti ne peut donc qu'éveiller l'intérêt d'Edzard Reuter. Fort d'un chiffre d'affaires de plus de 7 milliards de francs et de solides positions en Europe mais aussi aux Etats-Unis, le groupe français donnerait en effet, pense l'industriel, un formidable coup d'accélérateur à son nouveau pôle services informatiques en même temps qu'il ouvrirait largement Debis sur l'extérieur.

Ce premier contact n'est cependant guère couronné de succès. Trop gourmand, Daimler-Benz réclame en effet d'emblée une participation majoritaire dans Cap Gemini Sogeti, une exigence que ni Serge Kampf, ni les managers du groupe ni la CGIP d'Ernest-Antoine Seillière, informé heure par heure du contenu des négociations, ne sont disposés à accepter. Interrompues pendant quatre mois (et un instant remises en cause par la réactivation des discussions engagées avec France Télécom), les discussions reprennent le 11 septembre, après une discussion en tête à tête entre Serge Kampf et Edzard Reuter. Au cours de cet entretien, le patron de Cap Gemini Sogeti et son homologue allemand se persuadent mutuellement de l'intérêt d'une collaboration entre les deux groupes. « *Il y a des synergies réelles entre nos deux entreprises* », explique l'un. « *A nous deux, nous pourrions devenir un acteur incontournable du service informatique et damer le pion à EDS voire, pourquoi pas, à IBM !* » répond l'autre. Serge Kampf n'en est pas moins très ferme sur les principes et sur la méthode qu'il conviendrait de suivre. « *Pas question*, dit-il à Edzard Reuter, *de prendre le contrôle de Cap Gemini Sogeti. Cette solution, les managers n'en veulent pas. Nous proposons une démarche plus progressive qui vous permettrait, à terme, et sous certaines conditions à définir, de monter en puissance dans notre groupe.* » Ayant vérifié que Serge Kampf ne cherche pas tout simplement à vendre son entreprise et à s'en aller et qu'il a au contraire la ferme intention de rester aux commandes, Edzard Reuter donne le feu vert à ses collaborateurs pour la reprise des pourparlers avec le groupe français.

Ceux-ci vont se poursuivre pendant près de sept mois et dans le plus grand secret. Pour plus de sûreté, les deux groupes s'affublent chacun d'un nom de code : « Denis » pour Daimler-Benz, et « Charles » pour Cap Gemini Sogeti ! Côté français, l'équipe des négociateurs est constituée de Serge Kampf, de Daniel Setbon, directeur financier et de Michel Jalabert, directeur du développement, assistés de Bruno Roger de la Banque Lazard et du cabinet d'avocats Bredin-Prat-Saint-Esteben. Côté allemand, c'est Manfred Genz, P-DG de Debis, et le patron de l'informatique, Karl-Heinz Achinger, qui mènent le jeu, avec le concours de la banque d'affaires américaine James Wolfensohn et du cabinet Salans Herzfeld. Le tout bien sûr, sous le regard vigilant du grand patron de Daimler-Benz.

Les discussions sont difficiles, « *harassantes même* » se souviennent Michel Jalabert et Daniel Setbon. Dès les premiers jours, les Allemands débarquent au siège du groupe français, rue de Tilsitt, entourés d'une armée de conseillers. Vingt personnes au total, face aux trois Français. « *C'était un peu écrasant*, se souvient aujourd'hui Daniel Setbon. *Ils posaient des tas de questions, voulaient tout voir et tout connaître. Il fallait négocier interminablement sur tout, le prix, les conditions. Cela nous a très vite irrités* ». Les négociations, du coup, traînent en longueur ! Entre les deux groupes et leurs conseils, les navettes se multiplient en effet tout au long de l'automne, de l'hiver et du printemps sans pour autant que les deux équipes parviennent à un accord en bonne et due forme. Au début du mois de juin 1991, rien n'est encore signé. Excédés, Serge Kampf et ses hommes décident d'en finir. « *On ne peut pas en même temps s'investir dans des négociations de ce niveau et gérer correctement le quotidien* », se lamente le patron français qui exige d'aboutir avant la fin de l'été. Du côté allemand, on est également pressé d'en finir et on fixe l'échéance au… 23 juillet au plus tard. « *L'accord sera signé le 23 ou ne le sera pas* » avertit un Manfred Genz dûment sermonné par Edzard Reuter et qui met du coup la pression sur ses collaborateurs. Le dernier round des négociations est frénétique. Dans les réunions éclatées entre le Crillon, le cabinet de Jean-François Prat et le siège parisien de Cap Gemini Sogeti, l'atmosphère devient par moments irrespirable. Dimanche 21 juillet, à deux heures du matin, et alors que l'équipe française travaille d'arrache-pied depuis l'aube à mettre au point une ultime version de l'accord, l'affaire est sur le point de capoter une nouvelle fois. Seul un entretien téléphonique entre Serge Kampf et Edzard Reuter, en pleine nuit, permet de sauver la situation et de renouer les fils du dialogue… La signature de l'accord final, deux jours plus tard dans les salons du Ritz, laisse les équipes des deux camps littéralement épuisées.

Le texte et sa dizaine d'annexes sont un chef-d'œuvre de complexité ! « *Le métier de Cap Gemini est mouvant*, expliquera d'ailleurs un peu plus tard à la presse Michel Jalabert. *On ne souhaitait pas figer une structure de capital et de pouvoir mais plutôt ouvrir un éventail de possibilités.* » De fait, l'accord se veut évolutif afin de laisser à chacun des deux partenaires la possibilité de « se retourner ». Il prévoit plusieurs étapes. Dans un premier temps, Daimler-Benz entre à hauteur de 34 % dans le capital de Sogeti, holding de contrôle de Cap Gemini Sogeti. Pour cette opération, le groupe allemand rachète 25 % des actions aux actionnaires actuels de Cap Gemini Sogeti et, pour le solde (soit 9 %) souscrira à une augmentation de capital réservée d'un montant de 1,2 milliard de francs. Dans une deuxième étape, Daimler-Benz apportera un supplément de trésorerie de 1,2 milliard de francs sous forme d'un emprunt convertible en actions. La conversion de cette obligation devra s'effectuer dans une fourchette de temps comprise entre le 1ᵉʳ février 1995 et le 31 janvier 1996 et permettra alors au groupe allemand de porter sa participation dans le groupe français à 39,9 %. Enfin, dans un troisième temps et à condition que cette obligation ait été convertie, Daimler-Benz aura la possibilité d'acquérir pour 250 millions de francs des bons de souscriptions d'actions émis par Sogeti. Ces bons lui donneront le droit de souscrire, à partir du 1ᵉʳ février 1995, et pendant les douze mois qui suivront, à une nouvelle augmentation de capital qui lui donnera la majorité du capital du groupe français. Cap Gemini Sogeti aura de son côté la possibilité, au cours d'une période dite de « rédemption » comprise entre le 1ᵉʳ juillet 1994 et le 31 janvier 1995, de racheter et d'annuler ce bon de souscription. Dans ce cas de figure, Daimler-Benz ne pourra plus être majoritaire et il ne lui restera que deux possibilités : soit demeurer actionnaire à 34 % (ou à 39,9 % en cas de conversion de l'obligation), soit demander aux autres actionnaires de lui racheter ses parts. En clair et pour résumer, les deux partenaires apprendront à se connaître et développeront conjointement leurs affaires pendant une période-test de trois ans. En 1995 arrivera l'heure des choix, Daimler-Benz devant décider si, oui ou non, elle prend le contrôle de Cap Gemini Sogeti qui, de son côté, pourra faire jouer sa clause de rédemption...

« *Accord fondamentalement ouvert et dont le scénario reste à écrire* », comme l'explique un proche du dossier. Mais un accord qui signifie bien, à terme, la prise de contrôle du Français par l'Allemand. Imagine-t-on vraiment Cap Gemini Sogeti faire jouer la fameuse clause de rédemption ? « *Ce droit n'a pas vocation à être exercé*, explique d'ailleurs Serge Kampf lors de la conférence de presse qui suit la signature de l'accord. *C'est comme au cinéma. Quand on entre dans une salle, ce n'est pas pour voir seulement la moitié du film. Mais dans toute salle de cinéma, il y a tout de même une issue de secours, en cas d'incendie. Cette clause est notre issue de secours à nous.* » Quitte à nouer un partenariat de cette envergure, estime alors le patron de Cap Gemini Sogeti, autant qu'il aille jusqu'à son terme…

Et c'est bien ainsi que le comprennent les observateurs, et notamment la presse, qui couvre largement l'événement. « *Daimler-Benz successeur désigné* » titre ainsi le journal *Investir* du 29 juillet tandis que *La vie française*, de son côté, préfère parler de la « *Chronique d'un rachat annoncé* ». « *Cet accord officialise la mainmise allemande sur ce fleuron de l'informatique française* », analyse un journaliste du *Quotidien de Paris*, reprenant peu ou prou les mêmes termes que ses homologues. Sur Europe 1, Marc Dalloy va même plus loin, n'hésitant pas à parler de la « *disparition programmée de Cap Gemini Sogeti* » ! Pour la plupart des organes de presse, l'accord avec Daimler-Benz signifie la fin d'une belle aventure française. Réactions identiques outre-Rhin où l'on met cependant davantage l'accent sur « l'insatiable fringale » du géant de Stuttgart. « La grande bouffe continue », titre ainsi élégamment un quotidien économique allemand qu'effraient les ambitions d'Edzard Reuter. Ici aussi, on ne doute pas que l'accord se terminera, à terme, par la prise de contrôle du groupe français.

Du côté de la rue de Tilsitt en revanche, on se montre plus serein… ou moins catégorique. Contraints de monter régulièrement au créneau pour expliquer les détails de l'accord, les membres du Comité exécutif préfèrent insister sur la logique industrielle du partenariat. « *Il n'y a pas de disparition programmée, c'est même tout le contraire. L'accord assure la pérennité du groupe !* » s'écrie ainsi Michel Berty au micro de

Marc Dalloy. « *L'objectif de cet accord est de donner à Cap Gemini Sogeti des moyens financiers supplémentaires pour lui permettre de se hisser au premier rang mondial des services informatiques. Elle ne signifie aucunement la fin de l'indépendance du groupe* » martèle de son côté, à longueur d'interviews, un Serge Kampf qu'agace la façon dont l'accord est présenté dans la presse. Celui-ci, assurément, fait couler beaucoup d'encre, réveillant le vieux fonds de nationalisme qui sommeille en tout Français.

Le mariage franco-allemand n'est de fait guère mieux perçu du côté des autorités françaises. « *Vous avez péché. Il va falloir venir à confesse* » aurait dit, mi-figue mi-raisin, Abel Farnoux, conseiller du Premier ministre Edith Cresson pour les affaires industrielles et grand amateur de Meccanos industriels, à Serge Kampf. Le gouvernement, à vrai dire, apprécie moyennement l'idée qu'un groupe de la taille de Cap Gemini Sogeti, de surcroît seule vraie réussite française dans le secteur de l'informatique, passe dans le giron d'un étranger, fût-il allemand. A Bercy, on n'a pas ménagé non plus ses efforts pour convaincre Serge Kampf de privilégier, autant que faire se peut, une solution française. A plusieurs reprises, le patron de Cap Gemini Sogeti a rencontré le ministre de l'Industrie Dominique Strauss-Kahn et son directeur de cabinet Paul Hermelin, qui lui ont fait part de « l'inquiétude » du gouvernement concernant le devenir du groupe. Sans beaucoup de succès au demeurant. Société privée, Cap Gemini Sogeti n'a de comptes à rendre qu'à ses actionnaires. Sans compter – et Serge Kampf ne s'est guère privé de le rappeler à ses différents interlocuteurs officiels – qu'il n'existe plus de « solution française » depuis que France Télécom, ne croyant visiblement pas au danger Daimler-Benz, ne manifeste plus aucun empressement à négocier avec Cap Gemini Sogeti.

Mais c'est surtout en interne que l'accord avec les Allemands est le plus difficile à faire accepter. « *Les Hollandais reparlaient de faire sécession, les Américains attendaient avec un fusil et les Français étaient mi-*

tigés » résume aujourd'hui Daniel Setbon. Dès le 23 juillet après-midi, soit quelques heures après la signature de l'accord, Serge Kampf a tout le loisir de se rendre compte par lui-même des craintes que suscite, en interne, l'arrivée du géant allemand dans le capital de son groupe. A l'occasion d'un debriefing qui réunit au siège une centaine de « top managers » venus du monde entier, le patron est soumis à un feu roulant de questions. « *Le groupe ne va-t-il pas sacrifier sa culture ?* », « *Cet accord ne marque-t-il pas la fin de l'indépendance ?* », « *Ne risque-t-on pas de se fermer tout le marché des constructeurs automobiles ?* »... Autant d'interrogations qui témoignent d'une réelle inquiétude chez les opérationnels et que Serge Kampf s'emploie à apaiser. « *L'indépendance financière ne peut pas durer éternellement*, explique-t-il en substance à ses troupes. *Mais l'indépendance professionnelle, elle, sera jalousement préservée. Et de cela, je me porte garant.* » Un message de fermeté que les dirigeants du groupe s'emploient, dans les semaines et les mois qui suivent, à relayer et à diffuser dans toutes ses unités. Avec d'autant plus de succès que le groupe dispose d'arguments solides pour faire « passer la pilule »...

Au-delà des réactions qu'elle suscite et des efforts d'explication qu'elle nécessite, l'opération Daimler-Benz n'est en effet pas aussi inquiétante pour le groupe français que certains veulent bien le dire. Sans doute Daimler-Benz, du haut de ses presque 300 milliards de chiffre d'affaires et des 380 000 salariés, est-il un mastodonte en regard du « petit » Cap Gemini Sogeti, ses 10 milliards de chiffre d'affaires et ses 17 000 salariés. Sans doute aussi représente-t-il, pour cette raison, un formidable pouvoir d'attraction auquel il ne sera assurément pas facile de résister. Mais la réalité est plus complexe. C'est oublier notamment que la filiale services informatiques du groupe allemand, Debis SystemHaus, se situe loin derrière Cap Gemini Sogeti et que, dans l'affaire, c'est le géant de Stuttgart qui est le plus intéressé à un accord.

C'est oublier également – et surtout – l'un des handicaps majeurs de Daimler-Benz, à savoir la présence de la Deutsche Bank dans son capital qui, du fait de la législation américaine sur les banques, l'obligerait, si elle prenait le contrôle du groupe français, à en céder aussitôt la partie américaine, soit environ 20 % de son chiffre d'affaires. Une disposition propre, le moment venu, à susciter des réflexions au sein du groupe allemand sur la viabilité même de l'opération.

C'est oublier enfin que l'accord répond pleinement à l'objectif approuvé à Marrakech d'adosser le groupe à un puissant groupe industriel et que, de ce point de vue, l'opération est un succès complet. L'entrée de Daimler-Benz ne s'est-elle pas traduite, pour Cap Gemini Sogeti et ses managers actionnaires, par un apport de capitaux considérables ? Ces ressources nouvelles n'ont-elles pas vocation à permettre au groupe de poursuivre son développement et de mener à bien la stratégie de leadership qu'il a décidé de suivre ? Comme en écho, les mois qui suivent sont d'ailleurs marqués par une accélération des opérations de croissance externe, comme si le groupe n'attendait que l'argent allemand pour donner un coup d'accélérateur supplémentaire.

Premier signe tangible de la collaboration entre Cap Gemini Sogeti et Daimler-Benz, Cap Gemini SCS et la partie prestations intellectuelles de Debis SystemHaus fusionnent le 1er janvier 1992 pour donner naissance à la société Cap Debis dont les dirigeants de Stuttgart, au grand dam de leur partenaire français, exigent – et obtiennent – d'avoir 51 % du capital. Un peu plus tard, le 26 février, c'est l'acquisition de la société Volmac, la plus rentable des SSII aux Pays-Bas. Fusionnée avec les filiales belge et hollandaise du groupe, elle permet à ce dernier de se hisser au premier rang de la profession dans la zone Benelux. En mai, c'est l'achat, par l'intermédiaire d'une OPA amicale, de la société Programator, une des plus importantes sociétés de services informatiques en Suède. Ici aussi, un mouvement de réorganisation avec les autres filiales suédoise, norvégienne, danoise et finlandaise, donne naissance à un acteur de premier plan sur les marchés du nord de l'Europe. Autant d'opérations rendues possibles par l'entrée de Daimler-Benz et qui, de ce point de vue, justifient pleinement l'analyse des managers du groupe. Quant aux premiers petits accrocs dans la cohabitation franco-allemande – ceux révélés lors de la création de Cap Debis – on préfère pour l'instant ne pas trop y prêter attention. Le temps des vrais malentendus viendra plus tard…

En ce milieu d'été 1991, malgré les interrogations des uns et des autres, l'heure est plutôt aux célébrations rue de Tilsitt. A la veille de prendre des congés bien mérités, on se réjouit du partenariat signé avec Daimler-Benz, partenariat qui a mis un terme aux grandes manœuvres commencées dès la fin des années 80 et avalisées lors des Rencontres de Marrakech. On se réjouit également des conséquences bien concrètes qu'a eues sur le groupe la mise en œuvre du scénario de leadership, et plus particulièrement des multiples acquisitions qu'il a entraînées. En clair, on célèbre un avenir qui semble tout tracé et qui s'annonce sous les meilleurs auspices. A ce moment pourtant, il n'échappe pas à certains qu'une crise mondiale profonde est sur le point d'éclater dans les turbulences de laquelle Cap Gemini Sogeti va se trouver entraîné. Une crise dont les prémices remontent à l'année précédente et qui va obliger une nouvelle fois le groupe, alors que rien ne l'y prépare, à de dramatiques remises en cause.

Annus horribilis !

Lorsque le 2 août 1990, les chars irakiens de Saddam Hussein envahissent le Koweït pour prendre le contrôle des champs de pétrole de cette petite monarchie, déclenchant ainsi la guerre du Golfe, personne n'imagine que cet événement va être à l'origine de l'une des plus graves récessions économiques qu'a connues le monde industrialisé depuis les deux chocs pétroliers de 1973 et 1979. « Epiphénomène » pensent alors la plupart des analystes du monde occidental que n'impressionnent plus guère les gesticulations dans cette partie de la planète et dont la confiance dans les marchés est inébranlable. La désillusion est cruelle. Moins de trois mois suffisent pour transformer une « promenade militaire » en cataclysme économique majeur...

Car la guerre du Golfe agit comme un révélateur des excès de l'endettement qui ont marqué l'ensemble de la décennie 80. L'enchaînement est connu : en interrompant momentanément, mais brutalement, le mouvement de croissance, les événements du Koweït provoquent un éclatement en chaîne des « bulles spéculatives » qui s'étaient constituées au cours des années précédentes. Cet éclatement entraîne à son tour une dévalorisation très forte des actifs des entreprises, et plus particulièrement des actifs immobiliers qu'elles avaient accumulés dans des proportions déraisonnables. Ne pouvant plus générer de plus-values sur des biens dont la valeur se déprécie, les entreprises sont dès lors durement frappées par ce retournement de tendance tandis que la chute des prix contraint les débiteurs à court de liquidités à vendre, accentuant encore le mouvement de baisse. Fragilisés par les pertes des emprunteurs, les prêteurs restreignent la distribution de crédit, entraînant par contrecoup la stagnation des investissements et donc de la croissance. La spirale infernale, dès lors, est enclenchée : pressées de se désendetter, les entreprises cessent d'investir et d'embaucher, quand elles ne sont pas purement et simplement obligées de licencier pour éviter le dépôt de bilan. Il en résulte une montée inexorable du chômage qui, en 1992, frappe déjà 32 millions de personnes dans l'ensemble des grands pays industrialisés. Les Etats sont, eux aussi, durement touchés par la crise : pris entre la charge croissante des systèmes de protection sociale et la baisse des rentrées fiscales, les déficits publics et sociaux culminent à des niveaux records. Au milieu de l'année 1992, c'est l'ensemble des économies développées qui est plongé dans la crise.

Cette crise n'épargne pas Cap Gemini Sogeti. Dès 1991, le groupe annonce une hausse du chiffre d'affaires de seulement 9 % – contre 30 % en moyenne au cours de la décennie écoulée – et un bénéfice encore confortable en baisse de 10 % par rapport à l'année précédente. Une première pour l'entreprise qui, depuis 1967, n'a cessé d'afficher des bénéfices en hausse. Sans doute, avec un résultat après un impôt de l'ordre de 560 millions de francs – contre 623 millions de francs l'année précédente – n'y a-t-il pas lieu, à ce moment encore, de s'inquiéter véritablement. « *Le groupe a de la réserve* », pense-t-on dans les couloirs du siège où l'on table sur une reprise rapide. La situation n'en marque pas moins un net retournement de tendance. Six mois à peine ont suffi pour qu'une grande partie des clients du groupe, contraints aux économies, aient entrepris de réviser à la baisse, voire d'annuler purement et simplement, les investissements qu'ils projetaient dans le domaine des systèmes d'information. Une réaction instinctive qui augure mal de l'avenir et laisse planer des doutes sérieux sur la suite des événements.

D'autant que la crise économique n'est pas seule en cause. Dans son sillage, une autre crise est apparue, beaucoup plus grave pour le groupe : celle de l'industrie informatique. Une crise qui s'explique d'abord par l'essoufflement de la demande. Après vingt années d'une croissance exponentielle – de l'ordre de 15 à 20 % par an – que nourrissait l'ampleur des besoins, c'est l'heure de la stagnation, signe que l'effort d'équipement des entreprises marque une pause. Désormais, le marché sera un marché de renouvellement dont la croissance sera évidemment moins forte et qui, surtout, reposera de moins en moins sur les grands systèmes, les fameux « mainframes » qui, depuis les années 60, avaient nourri l'essor du secteur des services informatiques.

Et ce n'est pas tout ! Non contents de ralentir leur effort d'investissements, les utilisateurs se montrent de plus en plus sceptiques sur l'utilité même de l'informatique et les gains de productivité qu'elle est censée permettre. « *L'informatique vaut-elle les investissements qu'on lui consacre ?* » se demande un nombre croissant de chefs d'entreprise, et notamment de dirigeants des PME/PMI, encore très largement sous-équipées. « *Entre l'informatique et l'industrie, la synergie n'a pas opéré* », analyse pour sa part, en février 1991, *Le Monde Informatique*, expliquant que les « *industriels sont de plus en plus nombreux à nier la réelle rentabilité d'une informatisation massive* ». Quand elles investissent, les entreprises mettent de plus en plus l'accent sur l'achat de fonctions et de services et non plus d'équipements et de machines, exigeant au passage des résultats et non plus seulement des moyens. Pour les directeurs informatiques, l'heure des difficultés et des remises en cause a sonné. Contestés dans leur pouvoir et leur légitimité, accusés de coûter trop cher à l'entreprise et d'en demander toujours plus, ils sont de plus en plus souvent « coiffés » par les dirigeants des entreprises, soucieux de contrôler au plus près les dépenses de ce département. Les plus chanceux en sont quittes pour un gros coup de « blues » ou pour se recycler. Les moins chanceux – et ils sont nombreux – prennent le chemin de l'ANPE. Aux Etats-Unis, et pour la seule année 1991, plus de 100 000 informaticiens, toutes catégories confondues, se retrouvent ainsi sur le carreau...

Crise économique générale et crise de l'informatique... En ce début des années 90, le « cocktail » est assurément détonant pour une société comme Cap Gemini Sogeti, évidemment très sensible à la conjoncture et qui, de surcroît, est depuis toujours un spécialiste des *mainframes*. Pour ne rien arranger, le groupe doit faire face au même moment, à une concurrence accrue, non seulement de la part des constructeurs comme IBM – qui, confrontés à l'effondrement de leur marché, investissent en masse dans les services – mais aussi de celle des grands cabinets d'audit qui, depuis la fin des années 80, cèdent à leur tour aux sirènes du service informatique, et celle des grands opérateurs de télécommunications. *« EDS, IBM, ATT et Andersen, voilà nos quatre compétiteurs »*, analyse-t-on rue de Tilsitt où l'on s'attend à une lutte d'autant plus féroce que le « gâteau » va en se réduisant.

Le groupe cependant tarde à tirer toutes les conséquences de ces évolutions. Au Comité exécutif et dans les instances dirigeantes du groupe, nombreux en effet sont ceux qui estiment encore, au début de l'année 1992, que la crise n'est que passagère et que les choses rentreront rapidement dans l'ordre. Nombreux sont ceux également qui n'accordent aucun crédit à la théorie du déclin des « mainframes » sur lequel le groupe a bâti une bonne partie de sa croissance et dont bon nombre d'ingénieurs du groupe sont des experts reconnus. Il en résulte des difficultés à s'adapter aux transformations qui affectent le comportement des utilisateurs. Au niveau des filiales opérationnelles, sur le terrain, on tarde aussi à prendre la mesure des changements qui se sont produits dans les entreprises. Nombre de responsables commerciaux continuent d'argumenter à l'intention des directeurs informatiques, leurs interlocuteurs de toujours, alors que les vrais décideurs sont désormais les présidents et les directeurs généraux dont les attentes sont bien différentes. Là aussi, il en résulte une certaine lenteur à adapter à la nouvelle demande des utilisateurs l'offre locale du groupe et ses méthodes. Et puis, à tous les niveaux de l'entreprise, au siège comme dans la moindre agence, règne une confiance excessive dans les capacités de croissance du groupe. Vingt-cinq ans de croissance ininterrompue ont émoussé la vigilance de nombreux cadres, endormi leur acuité et anesthésié leur capacité à se remettre en cause. En ce début des années 90, le groupe se repose, pour une bonne part sur ses lauriers…

Au milieu de l'année 1992 pourtant, il faut se rendre à l'évidence : la situation, loin de s'améliorer, ne cesse de se dégrader. A la fin de cette année-là, Cap Gemini Sogeti enregistre la première perte de son histoire, d'un montant après impôt de 72 millions de francs. Chute vertigineuse, due en partie aux amortissements nouveaux et aux frais financiers consécutifs aux acquisitions éclairs de 1991-1992, mais qui n'en est pas moins le signe d'une crise réelle. L'année suivante est plus dramatique encore. Avec une perte nette de 430 millions de francs, Cap Gemini s'enfonce littéralement dans le rouge. Une « *Annus horribilis* » comme on la surnomme bientôt d'un bout à l'autre du groupe et qui oblige sa partie française à mettre en place, pour la première fois depuis 1967, un plan social. Pour être relativement peu nombreux à l'échelle des 20 000 salariés que compte alors le groupe – quelques centaines de personnes – les licenciements n'en causent pas moins un véritable traumatisme au sein de Cap Gemini Sogeti. « *Si l'on doit licencier, c'est que les choses vont vraiment mal* », murmure-t-on dans les couloirs du siège et les agences où l'on s'inquiète désormais ouvertement de la tournure des événements. A cette date pourtant, il y a presque un an que le groupe a engagé une réforme en profondeur de ses structures et a entrepris de remettre à plat toute son organisation et son offre. Un travail mené dans des conditions extrêmement difficiles et dont l'enjeu n'est rien moins que la survie du groupe.

Genesis ou la renaissance

« *Nous avons mal dosé notre effort : alors que nos effectifs ont doublé en deux ans pour atteindre 26 000 salariés, nous sommes restés multinational et pas assez transnational. Et la crise n'a pas aidé. Ce sont des explications, pas des excuses.* » Ce 25 juin 1992 à Prague, ils sont 700 grands managers à écouter Serge Kampf dresser un tableau sans complaisance des difficultés que connaît le groupe. Venus du monde entier, ils se sont donné rendez-vous dans la capitale de Tchécoslovaquie pour une nouvelle « session » des Rencontres, les dix-huitièmes depuis

1967. Au menu de ces trois jours de discussions : la crise que traverse Cap Gemini Sogeti depuis l'année précédente et les moyens que propose la direction générale pour y remédier.

Ces Rencontres de la plus haute importance ont été longuement préparées. Rue de Tilsitt, cela fait en effet plusieurs mois déjà que l'on réfléchit à la mise en œuvre d'un « programme de transformation » visant à remettre le groupe sur les rails. L'impulsion décisive, en la matière, a été clairement donnée par Serge Kampf. Dès le début de l'année 1992 en fait, celui-ci est convaincu que la crise ne fait que commencer, que Cap Gemini Sogeti est insuffisamment armé pour y faire face et qu'il « *faut taper très fort* » pour redresser la situation. Il s'en entretient à plusieurs reprises avec Ernest-Antoine Seillière, le patron de la CGIP. Bon connaisseur du groupe mais aussi bon observateur, celui-ci n'ignore pas les difficultés qu'éprouve le groupe pour trouver ses marques et s'adapter à la nouvelle donne du marché. Partisan de solutions radicales – qu'il a d'ailleurs expérimentées aux premiers temps de la CGIP – il assure Serge Kampf de son soutien. Le patron de Cap Gemini Sogeti s'en entretient également avec les membres du Comité exécutif. « *Il faut tout remettre à plat, investir lourdement dans une nouvelle organisation* », explique Kampf à ses plus proches collaborateurs.

Au fil des réunions, le plan se précise. Ses grands axes ? donner, à chaque unité, des responsabilités transnationales dans un secteur spécifique, qu'il soit économique ou technologique, et intensifier les transferts de savoir-faire. Avec pour objectif de diminuer le nombre de niveaux hiérarchiques et de mieux coller au marché. Un plan ambitieux, assurément, et dont les premières estimations réalisées en interne chiffrent le coût à plusieurs dizaines de millions de dollars. Mais aussi un plan qui suscite, en raison même de son ampleur, beaucoup de réactions. Si une partie des dirigeants du groupe partagent l'analyse de Serge Kampf et approuvent les remèdes proposés, d'autres en revanche, comme Daniel Setbon ou Alain Lemaire, patron des activités Europe, doutent de l'efficacité d'une réorganisation complète des structures du groupe : le « Grand Argentier » de Cap Gemini Sogeti pour des raisons de coût, le second pour des raisons de fond, le modèle proposé risquant de déboucher, à ses yeux, sur une certaine dilution des fonctions centrales. Alain Lemaire, l'un des dirigeants les plus brillants du groupe selon Serge Kampf et présenté un temps, de façon très officieuse, comme l'un de ses successeurs possibles, a-t-il pensé que son propre pouvoir dans l'entreprise était menacé par les réformes envisagées ? Toujours est-il qu'en juin 1992, cet ancien du Cap, rallié dès la première heure à la solution Sogeti et qui a joué un rôle essentiel dans le développement de Cap Gemini Sogeti en France, remet sa démission à Serge Kampf. L'événement laisse des regrets et beaucoup d'amertume des deux côtés. D'autant qu'il secoue le groupe à quelques jours seulement de l'ouverture des Rencontres de Prague...

Dans ce qui est encore la capitale tchécoslovaque, les 700 managers présents tombent rapidement d'accord sur le constat que leur présente Serge Kampf. Vingt-cinq ans après la création de Sogeti, explique-t-il à son auditoire, l'organisation traditionnelle de l'entreprise ne convient plus. La décentralisation et l'autonomie ? Valables à l'époque de la pleine croissance quand chacun, sur le terrain, n'avait qu'à se baisser pour « ramasser » des contrats et où il était toujours possible d'improviser pour répondre à une demande encore très locale, ces deux principes clés font désormais figure de handicap. En cette fin de siècle, les exigences des clients du groupe sont mondiales. Ce qu'ils attendent de leurs fournisseurs et des prestataires de services extérieurs, ce sont des processus applicables à l'identique aussi bien d'un bout à l'autre de l'Europe qu'aux Etats-Unis ou en Asie. Foin des particularismes locaux ! A l'heure de la globalisation, il convient de faire de Cap Gemini Sogeti un ensemble structuré, homogène, partageant une même approche commerciale et une même offre de services, mais aussi les mêmes outils de contrôle, la même approche qualité, un même modèle d'organisation, les mêmes processus, une même image et, bien sûr, une même langue : l'anglais.

Les agences ? même constat ! Moteur incontestable de la croissance de l'entreprise depuis 1967, la bonne vieille agence, « pierre angulaire » de tout le système Sogeti dont elle reflétait l'approche territoriale de l'activité, ne peut plus convenir. Que peut, en effet, une simple agence de 50 ou 80 personnes à l'heure où des pans entiers de l'activité économique, comme la pharmacie, les télécoms, les biotechnologies ou bien encore l'automobile, se déploient à l'échelle de la planète tout entière ? S'il n'est bien sûr pas question de supprimer tout niveau territorial de responsabilité, du moins le moment est-il venu de le « doubler » d'une organisation plus sectorielle fondée sur le transfert des savoir-faire et des compétences.

Faire d'une fédération de sociétés nationales un groupe transnational à part entière : tel est donc, en cette fin de mois de juin 1992, le défi que lance Serge Kampf à ses troupes. Un défi baptisé d'un nom hautement évocateur : « Genesis ». Car c'est bien d'une seconde naissance dont il s'agit. « *Nous sommes au milieu du gué*, martèle le patron de Cap Gemini Sogeti à ses troupes, *là où le courant est le plus fort. Il nous faut à présent atteindre l'autre rive.* » Les moyens sont à la hauteur de l'enjeu. Pas loin de 150 millions de dollars d'investissements au total, soit près du triple des estimations initiales ! Malgré les risques et contre l'avis d'une partie de son entourage, Serge Kampf n'hésite pas en outre à confier la mise en œuvre du programme Genesis à Gemini Consulting, le pôle conseil créé moins d'un an plus tôt. « *Nul n'est prophète en son pays* » font valoir ceux qui doutent que les consultants maison puissent travailler en toute quiétude et à l'abri des pressions. Sur la question, Serge Kampf est cependant très clair : « *Pas d'interférence avec la hiérarchie du groupe*, exige-t-il ; *Gemini Consulting doit poursuivre sa mission en toute indépendance.* » L'instruction est reçue « 5 sur 5 ». A cette tâche de titans, effectuée en pleine tempête, plusieurs dizaines de consultants assistés d'une bonne centaine de cadres de Cap Gemini Sogeti vont donc se dévouer pendant dix-huit mois ! Même Ernest-Antoine Seillière, pourtant peu suspect de timidité en la matière, avouera plus tard avoir été « impressionné » par le travail accompli. Les résultats, il est vrai, sont spectaculaires...

Les résultats ? une révolution. Sur le plan de l'organisation d'abord. Lorsque, le 1er janvier 1993, la nouvelle organisation est officiellement mise en service, le groupe ne comporte plus que deux grands niveaux hiérarchiques, celui des « Divisions opérationnelles », en contact permanent avec les clients, et celui des fonctions centrales d'animation et de contrôle, prises en charge par un « noyau dur » de « Group Vice President ». Une direction centrale réduite pour des clients mieux servis : tel est en somme le mot d'ordre qui a présidé à la nouvelle organisation. Un souci d'efficacité qui se manifeste en premier lieu sur le terrain. C'est là que les transformations sont les plus spectaculaires. Sans doute l'agence, qui constituait jadis l'élément de base et le pilier de tout le système, reste-t-elle une des structures de base : on ne change pas une formule qui gagne et qui a fait ses preuves. Sous la responsabilité d'un directeur, elle continuera donc souvent d'assurer, sur un territoire donné, la vente et la production de l'ensemble des services proposés par le groupe. Mais à côté de l'agence, deux nouvelles unités opérationnelles sont créées : la « MDU » (Market Development Unit), en charge de la vente de tout ou partie des services du groupe dans un secteur donné, et le « Skill Center » (centre de compétences) qui a pour fonction la réalisation des contrats signés par la MDU. En clair, à la dimension territoriale, purement géographique, du groupe, s'ajoute une dimension plus sectorielle, mieux adaptée à l'évolution de la demande et aux exigences du client. Première concession, et de taille, à la globalisation des marchés.

Ces unités sont elles-mêmes regroupées en Divisions Opérationnelles. A raison d'au moins une par pays et d'une taille moyenne de 500 personnes environ, chaque division se voit reconnaître la possibilité d'organiser son territoire en combinant les trois unités de base en fonction de la situation du marché, des ressources dont elle dispose, de la plus ou moins grande dispersion de ses clients et, bien sûr, de la nature des contrats qu'elle doit réaliser. Ces Divisions sont regroupées par affinités géographiques pour constituer des « Strategic Business Area » (SBA) dont l'effectif moyen est de 3 000 personnes. Au nombre de sept, ces SBA ont deux rôles : d'une part vendre et délivrer l'ensemble des prestations de Cap Gemini Sogeti dont le centre de décision se trouve géographiquement placé au sein de la région couverte par l'unité : c'est le rôle régional. D'autre part développer, sur un plan international, la part du marché mondial que détient le groupe dans un secteur économique particulier (chimie, services financiers, télécommunications, pharmacie...) : c'est le rôle secteur. Deuxième concession à la globalisation et à la mondialisation des marchés...

Au niveau du siège, chaque SBA est supervisée par un ou deux Groupe Vice President. A ces « GVP opérationnels » s'ajoutent des « GVP fonctionnels » qui prennent en charge les fonctions communes à l'ensemble des SBA : développement, finance, image et communication, qualité et innovation, développement des managers. Au sommet de cette pyramide très écrasée, quatre hommes assurent la direction et l'animation de l'ensemble : trois directeurs généraux en charge respectivement des régions, des secteurs et des fonctions centrales et, bien sûr, le président-directeur général.

Complexe, la nouvelle organisation ? On pourrait le croire à l'énoncé des nouvelles unités dont le nom concrétise la volonté des managers de Cap Gemini Sogeti, officialisée à Prague, de faire de l'anglais la « langue officielle » de tout le groupe. Troisième concession, incontournable, à la mondialisation... Pour le reste, le système issu de Genesis marque plutôt une simplification considérable des structures de l'entreprise. En lieu et place de l'écheveau d'agences, de filiales et de sous-filiales qui, pour respecter les principes de décentralisation et d'autonomie, constituait l'organisation du groupe, ce sont désormais quarante-six divisions regroupées en sept SBA et cinq directeurs centraux qui assurent la vente et l'exécution des prestations du groupe à l'échelle de la planète tout entière. Surtout, en séparant très clairement les fonctions vente des fonctions production, Cap Gemini Sogeti s'assure d'une productivité accrue de ses forces commerciales et techniques et permet à ses clients d'avoir un accès plus facile, plus rapide et plus systématique aux compétences, aux méthodes et aux solutions développées dans le monde par l'ensemble des sociétés du groupe.

Et puis bien sûr il y a les hommes. Dans ce domaine également, les transformations sont profondes. Dès octobre 1991, avant même les Rencontres de Prague et alors que de nombreux signes laissent augurer une crise sérieuse, le groupe s'est doté d'une « Université maison », un projet ébauché depuis plusieurs années déjà mais auquel Genesis donne une actualité nouvelle et pour lequel est acquis, à Behoust dans les Yvelines, un château de facture XVIIIe siècle. Etre un lieu de rencontre et d'échange pour tous les managers du groupe mais aussi contribuer à l'émergence « d'hommes nouveaux », tel est l'objectif assigné à cette institution qui, en France à cette époque, est le lot de quelques rares grands groupes. A l'heure où d'importantes décisions se préparent, il s'agit de favoriser l'éclosion d'une culture commune.

Mais c'est surtout au niveau du management du groupe que les changements sont les plus visibles et les plus symboliques. Dès le départ en fait, Serge Kampf est convaincu que la mise en œuvre de Genesis appelle une nouvelle génération de managers. *« Une mutation de cette ampleur, en raison des bouleversements qu'elle va entraîner, ne peut être réalisée que par des hommes nouveaux* » confie-t-il, dans les semaines qui précèdent les Rencontres de Prague, à quelques rares personnes. La démission d'Alain Lemaire, avant même le lancement du processus, ne peut que le confirmer dans sa conviction : Genesis n'ira pas de soi, notamment chez certains des dirigeants historiques du groupe. De fait, la nouvelle organisation suscite beaucoup de résistances en interne. Dans les agences, les filiales et au siège, l'enthousiasme n'est pas toujours au rendez-vous. Trop de remises en cause, de plans de carrière bousculés, de projets bouleversés ! Après trente ans de maison, ils sont nombreux, ceux qui aspirent au confort d'une situation établie. Décidé à éviter que Genesis ne s'enlise entre les mains d'un management dont il devine le vieillissement, Serge Kampf prend le parti de renouveler profondément l'équipe de direction. L'opération se fait sans heurts. Elle se fait également sans états d'âme.

Ainsi le 31 août 1992 Serge Kampf annonce-t-il la nomination de Geoff Unwin au poste hautement stratégique de directeur général en charge des régions. L'ancien président d'Hoskyns, patron du pôle d'activité qui reste le plus important pour le groupe devient ainsi, à cinquante ans, l'un des hommes clés de Cap Gemini Sogeti. L'année suivante est marquée par l'entrée de deux « hommes neufs », venus de l'extérieur mais pas tout à fait étrangers à l'histoire du groupe. C'est d'abord, en mai 1993, l'arrivée de Paul Hermelin. L'ancien directeur de cabinet de Dominique Strauss-Kahn au ministère de l'Industrie, l'homme qui, en 1991, à l'heure de l'accord avec Daimler-Benz, avait fait part à Serge Kampf – qui l'avait remarqué à cette occasion – de l'« inquiétude » du gouvernement, prend en charge, au siège, la coordination de toutes les fonctions centrales. Gâterie de chef d'entreprise décidé à avoir lui aussi « son » énarque[1] ou prise de conscience de la di-

---

1. Paul Hermelin est également polytechnicien.

mension politique atteinte désormais par le groupe ? Avec un effectif de 20 000 personnes et un chiffre d'affaires de 11 milliards de francs, Cap Gemini Sogeti, pense Serge Kampf, ne peut plus faire l'économie d'un « spécialiste » de la chose publique, bon connaisseur de l'administration et de surcroît bien introduit dans les cabinets ministériels. L'arrivée de Paul Hermelin, contraint de réorienter sa carrière en raison de la seconde cohabitation – celle de Balladur – et à qui le président de France Télécom, Marcel Roulet, déconseillera vivement d'entrer dans « *cette société bizarre et totalement dépassée par le marché* » n'en marque pas moins une rupture dans un groupe qui voue depuis toujours un véritable culte à l'initiative privée et à l'esprit d'entreprise. « *La greffe ne prendra pas* » prédisent les plus sceptiques qui s'inquiètent de l'arrivée d'un « politique » rue de Tilsitt. Elle prendra, et même très bien, Paul Hermelin conquérant rapidement sa propre légitimité en interne. « *Même les énarques sont solubles dans Cap Gemini* » s'amuse aujourd'hui un manager du groupe...

Quatre mois plus tard, en septembre, c'est une nouvelle « tête connue » de Serge Kampf qui fait son entrée chez Cap Gemini Sogeti. Ancien patron du « corporate marketing » d'IBM puis des opérations européennes du géant américain, jadis mandaté pour « sonder » Serge Kampf sur le rachat de son groupe, Pierre Hessler, en délicatesse avec son nouveau patron, Lou Gerstner, est récupéré à prix d'or par Cap Gemini Sogeti pour prendre en main l'ensemble de l'activité conseil. Dans les pas de ce Suisse policé de cinquante ans dont toute la carrière s'est déroulée chez IBM, c'est toute la vision mondiale de la firme américaine qui fait son entrée dans le groupe français. Son arrivée vient à point nommé compléter un management formé en grande partie à l'école de Bull...

« *Un effort sans précédent et sans équivalent* » juge aujourd'hui, parlant de Genesis et un rien admiratif, Gérard Worms, l'ancien patron de

Suez. Effort qui ne tarde pas à porter ses fruits. Dès 1994, il apparaît à quelques observateurs que le groupe est sur la bonne voie. « *CGS tire les bénéfices de sa réorganisation* » titre ainsi, en janvier, *01 Informatique* qui salue au passage l'ampleur du travail accompli. Les conséquences de Genesis ajoutées à un climat économique plus serein contribuent de fait à une nette amélioration de la situation. En début d'année, alors que toutes les difficultés sont loin d'être résolues, Cap Gemini Sogeti peut ainsi annoncer plus de 350 millions de francs de chiffre d'affaires supplémentaire par rapport aux douze mois précédents. Un premier pas encourageant et qui a pour effet de réduire sensiblement les pertes de l'exercice (94 millions après impôt contre près de 430 millions l'année précédente). Mais la véritable reprise intervient à partir de 1995. Avec un résultat net positif de 52 millions de francs, le groupe renoue cette année-là, après trois années de pertes, avec les bénéfices. La « sortie de crise » est désormais en vue. Pour Serge Kampf et ses managers, impatients d'en découdre, l'heure des nouveaux projets a sonné…

Et en ce milieu des années 90, Cap Gemini Sogeti n'est assurément pas en panne de projets. Entre la réduction de la dette du groupe, la remise en ordre de ses finances, la reprise du partenariat avec Debis et la préparation de nouvelles opérations de croissance externe, la priorité est clairement donnée au renforcement du pôle conseil et au resserrement des liens qui unissent celui-ci au pôle service informatique. En 1995 un audacieux programme est ainsi lancé qui vise à rapprocher les deux offres : le programme Convergence. Ni fusion des deux pôles ni mise en commun de leurs activités ou de leurs équipes, ce programme a pour ambition de parvenir à un exercice conjoint de ces deux métiers, naturellement connexes. Au cours de la seconde moitié de l'année, plusieurs initiatives d'importance sont prises dans ce but. C'est d'abord la mise en place d'une approche systématique visant à accélérer le développement des relations du groupe avec les grands clients communs à Cap Gemini et à Gemini Consulting. C'est en second lieu la création d'une fonction chargée de gérer sur le plan mondial l'affectation des ressources humaines indispensables à la conduite des projets communs. C'est enfin et surtout la constitution de nouvelles unités transnationales qui seront mises en service dans les tout premiers jours de l'année 1997 : les « Global Market Units » (GMU). Mieux utiliser le savoir-faire des consultants et des informaticiens en les regroupant dans des unités transnationales dédiées à des segments de marché porteurs : tel est l'objectif assigné à ces nouvelles unités dont la création marque l'aboutissement du processus de coopération et de fertilisation croisée entre les deux grandes familles du groupe. Quatre GMU sont créées : la GMU Telecom, qui regroupe les différentes unités dédiées aux télécommunications, la GMU Life Sciences, qui centre son action sur les leaders mondiaux de l'industrie pharmaceutique, la GMU Insurance, qui se concentre sur les compagnies d'assurance de taille moyenne, et la GMU Travel et Transport. En ce début d'année 1997, une grande partie des unités du groupe travaillent désormais dans un double cadre transnational et sectoriel.

Mais la grande affaire de ces années décidément riches en événements d'importance est la finalisation d'un projet que Serge Kampf poursuit depuis le milieu des années 70 : l'acquisition de Bossard. On a vu plus haut qu'en 1979, au terme d'une bataille épique et malgré le soutien d'Yves Bossard, Cap Gemini Sogeti avait dû, devant la fronde d'une grande partie des consultants emmenés par Jean-René Fourtou et Jean-Pierre Auzimour, renoncer à prendre la majorité de Bossard Consultants. Depuis cette date, le groupe dirigé par Serge Kampf s'était contenté d'observer de loin cette société sur laquelle il n'avait pas vraiment de prise et que dirigeait désormais Jean-René Fourtou. Sans doute le patron de Cap Gemini Sogeti ne doutait-il pas qu'un jour ou l'autre, Bossard finirait par rejoindre le groupe. « *Il faut patienter* » répétait-il à intervalles réguliers à ceux de ses collaborateurs qui s'inquiétaient de cette participation sans véritable objet. L'attente, bien qu'exceptionnellement longue, devait être payante...

Au milieu des années 90, Bossard est en effet dans une situation beaucoup moins confortable que dix ou vingt ans plus tôt. Dirigée depuis 1986 par Jean-Pierre Auzimour – qui a remplacé Jean-René Fourtou appelé par Edouard Balladur à diriger Rhône-Poulenc – l'ancienne OBM a donné la priorité au développement national, ne se préoccupant guère de partir à la conquête de nouveaux marchés hors de l'Hexagone. A l'heure de la mondialisation des marchés, le groupe Bossard, malgré ses 700 consultants et ses 900 millions de francs de chiffre d'affaires, ne fait plus guère le poids face aux grands de la profession. De Rhône-Poulenc, Jean-René Fourtou, jadis opposant acharné à la solution Cap Gemini Sogeti, ne cesse désormais de pousser ses anciens consultants à se rapprocher du numéro 5 mondial des services informatiques. « *Vous ne tiendrez pas le coup longtemps tout seul, il faut vous marier avec Cap Gemini*, répète-t-il à l'envi à son ancien bras droit : *détenteur de 49 % du capital, fort désormais d'un pôle conseil dont les résultats sont largement supérieurs à ceux de Bossard, le groupe de Serge Kampf constitue le seul partenaire possible pour l'entreprise.* » Jean-Pierre Auzimour se laisse finalement convaincre de réaliser une opération qu'il sait inéluctable. Bouclée le 24 janvier 1997 avec le soutien de la quasi-totalité des managers de Bossard, elle vient à point nommé renforcer le pôle conseil du groupe dirigé par Serge Kampf.

« *Les années 1992 à 1997 ont sans conteste été les plus chargées, les plus denses et les plus difficiles de notre histoire* », reconnaît aujourd'hui Serge Kampf. De fait, la mutation accomplie a tout pour impressionner : management renouvelé, organisation entièrement revue, métiers repensés, offre redéployée... C'est tout le groupe qui a été passé à la paille de fer de Genesis. De façon toute symbolique, comme pour saluer la croissance retrouvée et l'entrée dans une ère nouvelle, le groupe s'est doté, en septembre 1996, d'un logo modifié et surtout d'un nouveau nom : Cap Gemini. Exit « Sogeti », le nom historique mais trop franco-français et que les analystes, depuis quelques années déjà, avaient pris l'habitude d'« oublier ». On imagine sans mal les réactions suscitées par une telle décision. Au siège, dans les agences et dans les sociétés du groupe, à tous les niveaux, ils sont nombreux, ceux qui pleurent la disparition du nom de Sogeti. « *C'est un peu de l'entreprise qui meurt ; c'est la fin d'une époque* », entend-on ici ou là. Cette fois encore, la décision, en dépit de toute la charge émotionnelle qu'elle contient, a été prise sans états d'âme par Serge Kampf. L'enjeu il est vrai en valait la peine. Pour la première fois depuis 1967, le groupe est présent dans le monde entier sous un seul nom et un seul logo. Ultime concession à la mondialisation qui valait bien un tel sacrifice…

Fin de l'acte ? pas tout à fait encore. A l'heure même où le groupe, tout pimpant de sa prospérité retrouvée, met les bouchées doubles pour rattraper le temps perdu et préparer les grandes échéances de la fin du siècle, un nouveau coup de théâtre est sur le point de se produire qui va modifier une nouvelle fois les destinées de l'entreprise et de son créateur : la sortie de Daimler-Benz…

La liberté retrouvée

« *Que se passe-t-il chez Cap Gemini ?* s'interroge *La Tribune* du 25 juin 1997. *Selon nos informations,* poursuit le quotidien, *une ambiance de fronde règne à Paris, rue de Tilsitt, au siège de Cap Gemini. Elle trouverait sa source dans un constat simple et sans appel : Cap peut se débrouiller tout seul. Entendez : il serait souhaitable que Daimler s'en aille ! Une manière comme une autre de rejeter le principe d'une prise de contrôle allemande.* » Quelques heures après la parution de cet article – écrit la veille – les vœux du management de Cap Gemini sont réalisés au-delà de toute espérance. Et de façon totalement inattendue...

Retour en arrière... L'accord signé en fanfare en juillet 1991 entre Serge Kampf et Edzard Reuter avait défini de manière très précise la nature du partenariat entre les deux groupes. Chacun, dans l'immédiat, y trouvait son intérêt : Serge Kampf dont la situation d'actionnaire majoritaire de Cap Gemini était préservée et qui disposait de ressources nouvelles pour développer son groupe ; Daimler-Benz, qui se voyait pour sa part reconnaître la possibilité de prendre le contrôle de la SSII et qui, dans l'immédiat, avait toute latitude pour mettre sa filiale Debis à l'école de la première SSII européenne. L'issue de ce partenariat stratégique ne faisait de doute pour personne : la firme de Stuttgart avait bel et bien vocation à prendre le contrôle de Cap Gemini, l'opération devant être réalisée à l'intérieur d'une « fenêtre de tir » comprise entre le 1er février 1995 et le 31 janvier 1996. Il ne restait plus, dès lors, qu'à attendre que les Allemands fassent mouvement...

C'était compter sans la crise... Survenant quelques mois après les noces de juillet, celle-ci bouleverse totalement les plans des deux groupes. A l'instar de leurs homologues français, les dirigeants de Daimler-Benz ne doutent pas, dans un premier temps, que la crise sera courte. Au fil des mois, il faut cependant se rendre à l'évidence : la dépression sera longue. Pour la firme de Stuttgart, l'heure est désormais à la prudence. Confrontés à la très forte dévalorisation du titre Cap Gemini, Edzard Reuter et son équipe choisissent en effet de ne pas faire jouer leur option d'achat et de camper sur une position d'attente. Attitude assurément surprenante : avec un cours de l'action en chute libre par rapport au prix auquel il devra exercer son option d'achat, Daimler-Benz n'a-t-elle pas une opportunité formidable de s'offrir, à des conditions avantageuses, la première SSII européenne ? A Stuttgart en effet, on sait bien qu'il suffirait d'attendre le 1er février 1996, c'est-à-dire le lendemain de la période pendant laquelle l'option d'achat ne peut être exercée qu'au prix convenu en 1991, pour lancer une OPA et prendre ainsi, à moindre coût, le contrôle de Cap Gemini. Au siège du géant allemand, on choisit cependant de ne pas bouger.

Beaucoup d'incertitudes, il est vrai, pèsent sur le dossier. Du côté des Etats-Unis d'abord. Contrôlée partiellement par la Deutsche Bank, Daimler-Benz ne peut ignorer qu'elle tomberait automatiquement sous le coup du Bank Holding Company Act si elle s'avisait de prendre le contrôle de Cap Gemini, très présent outre-Atlantique. Cette loi typiquement américaine ne fait-elle pas interdiction à une société de services détenue à 25 % par une banque d'avoir, aux Etats-Unis, des activités hors des services financiers ? Sans doute la firme de Stuttgart aurait-elle le recours de céder toutes les sociétés américaines du groupe français. Mais il n'échappe à personne ce qu'aurait de suicidaire une telle mesure : elle amputerait Cap Gemini de 20 % de son chiffre d'affaires et, surtout, l'éjecterait pour longtemps de l'un de ses marchés les plus porteurs. Quant à faire annuler ou modifier le Bank Holding Company Act, comme on l'a espéré très longtemps à Stuttgart, il ne faut plus guère y compter. Très chatouilleux sur la question des monopoles, les Américains ne se montrent guère réceptifs aux arguments des lobbyistes professionnels appointés par Daimler-Benz. Dans l'affaire, le groupe allemand se retrouve clairement dans une impasse. Première bonne raison de ne pas se presser...

Autre épine dans le pied des Allemands, et seconde bonne raison pour ne pas précipiter un rapprochement : les relations pour le moins médiocres entre les deux équipes. De petits accrocs en petits accrocs, les occasions d'affrontement sont en effet de plus en plus nombreuses qui ne manquent pas de créer des tensions au plus haut niveau. Première cause de divergences : les orientations stratégiques qu'il convient de suivre. Alors que le groupe français privilégie une stratégie de convergence entre les activités de conseil et les services informatiques proprement dit, les Allemands, eux, souhaitent donner la priorité à l'*outsourcing* et ont du métier une vision plus industrielle. Autre cause d'affrontement : la situation réelle du groupe et ses perspectives à court terme. « *Dès 1994, nous étions convaincus que le bateau déjaugeait, que les choses allaient en s'améliorant*, résume Paul Hermelin. *Les Allemands, eux, ne croyaient pas du tout au redressement.* » Le pessimisme affiché des dirigeants de Daimler-Benz ne plaît guère aux Français qui, au même moment, consentent des efforts énormes pour se tirer d'embarras...

Mais la principale source de querelles, beaucoup plus grave, réside dans les velléités d'indépendance de Debis SystemHaus, la filiale commune créée en Allemagne par les deux associés. Cette société ne s'est-elle pas mis en tête, à l'automne 1995 et avec le soutien de Daimler-Benz, de racheter la Générale de Services Informatiques, l'une des grandes SSII françaises ? Un projet qui la mettrait directement en concurrence avec Cap Gemini et auquel Serge Kampf et son équipe, soutenus par la CGIP d'Ernest-Antoine Seillière, s'opposent avec la dernière énergie. Avec succès puisque Debis est finalement contrainte, en décembre, de renoncer à son projet. Mais d'autres foyers de tension ne tardent pas à apparaître, notamment en Italie puis en Hollande où Debis tente à nouveau de faire « cavalier seul », là encore au grand dam des dirigeants de Cap Gemini. Au niveau des instances dirigeantes des deux groupes, les éclats de voix sont de plus en plus fréquents, signe d'une exaspération croissante...

Rue de Tilsitt, en dépit des bonnes relations qui peuvent exister entre les hommes, notamment entre Klaus Mangold et Serge Kampf ou entre Manfred Gentz et Pierre Hessler, on fait de plus en plus mauvaise figure aux Allemands. « *Et si*, murmure-t-on ici et là, *ce partenariat n'était pas une bonne chose ?* » Adepte des solutions fortes, Serge

Kampf n'hésite pas à mettre les pieds dans le plat lors des XIXes Rencontres du groupe qui se tiennent à Amsterdam en avril 1995. Le coup est mûrement réfléchi. A l'occasion du discours qu'il prononce devant plusieurs centaines de managers et une poignée de grands cadres de Daimler-Benz, le patron de Cap Gemini fait mine de se déporter dans le troisième millénaire. Décrivant alors le groupe tel qu'il est en avril 2001, il « rappelle » ce qui s'est passé depuis avril 1995 et ce qu'est devenue depuis la répartition du capital. Sur le schéma qu'il projette à l'assistance médusée, chacun peut constater que si Daimler-Benz est encore actionnaire du groupe, sa participation, en revanche, n'a pas bougé d'un iota et qu'elle est toujours à 25 % ! Ce scénario-fiction fait la joie des managers dont certains se risquent même à applaudir. Il jette en revanche la consternation dans les rangs de la délégation allemande et suscite la colère de son chef, Manfred Gentz. « *Provocation !* » s'exclame celui-ci avant de quitter la salle. L'affaire, évidemment, ne contribue guère à améliorer les relations entre les deux groupes. Quatre ans après les noces de juillet, il apparaît en tout cas clairement que la solution allemande n'est plus, et de loin, celle que privilégie Serge Kampf...

En ce milieu des années 90, chacun des associés a donc de bonnes raisons de se hâter lentement : Serge Kampf, de plus en plus irrité par l'attitude des Allemands et qui, dès lors, ne montre guère d'empressement à « donner » son groupe à un partenaire avec lequel, manifestement, la greffe ne prend pas, et bien sûr Daimler-Benz, qui attend de voir comment les choses vont évoluer. Outre-Rhin, on est d'autant moins pressé de se mettre en mouvement qu'au début de l'année 1995, Edzard Reuter, dont la boulimie d'acquisitions a suscité bon nombre de critiques outre-Rhin, a été remplacé par Jürgen Schrempp à la tête de Daimler-Benz. Dès son arrivée, le nouveau patron n'a pas fait mystère de sa volonté de recentrer le groupe sur la filière transport, son métier de base. Lui aussi souhaite se donner un peu de temps pour étudier plus à fond les dossiers et décider si, oui ou non, Cap Gemini Sogeti et les services informatiques font partie de ses nouvelles priorités…

C'est donc avec le même objectif en tête mais pour des raisons bien différentes que les trois parties concernées – Daimler, la CGIP et Serge Kampf – décident, à l'automne 1995, de redéfinir leurs relations sur des bases nouvelles. Les négociations, une fois de plus, sont longues et laborieuses. Elles débouchent, le 11 janvier 1996, sur un deuxième accord qui modifie profondément les structures juridiques du groupe. Deux grandes opérations sont décidées : d'abord la fusion des sociétés Skip et Sogeti (les deux étages de contrôle non cotés) au sein de la société cotée Cap Gemini Sogeti dont dépend désormais l'ensemble des activités du groupe et qui est dotée d'une structure à Directoire et à Conseil de surveillance. Pour la CGIP, l'opération n'est pas anodine : placée dans une société cotée, sa participation se trouve à présent fortement valorisée. Ernest-Antoine Seillière pourra ainsi, le moment venu et conformément à sa vocation, réaliser une excellente opération financière.

Le nouvel accord entraîne en second lieu une modification du poids respectif des différents actionnaires de Cap Gemini Sogeti. Au terme d'une augmentation de 2,1 milliards de francs souscrite à hauteur de 900 millions par la CGIP, 900 millions aussi par Debis et seulement 300 millions par Serge Kampf, le capital du groupe se trouve désormais détenu à hauteur de 19 % environ par Serge Kampf, 24,5 % par Debis et 24,5 % également par la CGIP, le solde étant réparti dans le public. L'importance du volet capitalistique de l'accord n'échappe à personne. Jadis détenteur du contrôle absolu du capital de Cap Gemini via les sociétés Skip et Sogeti, Serge Kampf en contrôle désormais moins de 20 %. Plus qu'un symbole ! Pour la première fois depuis le début de l'aventure Sogeti, le patron de Cap Gemini renonce en fait officiellement à contrôler financièrement le groupe qu'il a créé trente ans plus tôt. Cette décision, l'entrepreneur a eu du mal à la prendre : on ne tire pas sans regrets un trait sur l'œuvre de toute une vie. Elle n'en est pas moins inévitable à ses yeux. « *Il faut à présent adosser le groupe à des partenaires puissants. C'est une évolution biologiquement inéluctable* », répète-t-il, dans les semaines qui suivent la signature du nouvel accord, à ses troupes. Question de moyens. Tout milliardaire qu'il est, Serge Kampf sait en effet très bien qu'il ne peut plus financer seul un groupe de la taille de Cap Gemini et qu'il lui faut passer la main. « *A ce niveau, je suis impécunieux* », lance-t-il d'ailleurs, non sans humour et avec un sens consommé de la formule, à ses plus proches collaborateurs. Beaucoup d'entre eux se feront expliquer au passage le sens de ce mot…

S'il est prêt à lâcher du lest concernant le contrôle financier du groupe, le patron de Cap Gemini Sogeti attend en revanche de la nouvelle organisation qu'elle lui permette de conduire à son terme la transition qu'il estime nécessaire de ménager entre la « *fédération d'amis* » qu'il a créée et dirigée pendant trois décennies et une société plus classique, plus fortement capitalisée et adossée à des partenaires industriels puissants. L'affaire de quatre années, si aucune crise ne vient dans l'intervalle tout remettre en cause. Pour le fondateur, le terme de sa mission est dès lors clairement fixée à 1999. Quant à Daimler-Benz, elle garde toute latitude pour prendre le contrôle du groupe au moment qui lui semblera le plus opportun… Pour Cap Gemini Sogeti, le compte à rebours a commencé…

En ce début d'année 1997, les choses semblent donc définitivement clarifiées entre les trois principaux actionnaires. Président de Debis, Klaus Mangold est nommé président du Conseil de surveillance dont Ernest-Antoine Seillière est le vice-président. De son côté, Serge

Kampf est nommé à la tête du Directoire pour une durée de quatre ans. Entre les Français et les Allemands, l'heure, officiellement, est à la collaboration. Les tensions ne tardent cependant pas à ressurgir. Dès la première séance du Conseil de surveillance, en mai 1996, il apparaît évident que Klaus Mangold n'est pas réellement prêt à jouer le jeu. *« Ma position est bâtarde. Nous en avons trop ou pas assez, nous nous déciderons en fonction du marché »* déclare-t-il d'emblée à ses homologues français, laissant planer le doute sur ses intentions. A l'hiver 1996, la situation n'a guère évolué. Prendra, prendra pas ? Rue de Tilsitt, les rumeurs vont bon train. Alors que, de Stuttgart, des fuites persistantes font état d'une prise de contrôle imminente du groupe par les Allemands, sur le terrain, la collaboration est quasi inexistante et les intentions toujours aussi floues. « *De qui se moque-t-on ?* » s'agace-t-on du côté du groupe français où l'exaspération va grandissant. Au printemps de l'année suivante, les Français décident de passer à l'offensive. Le 15 mai, une réunion regroupe, autour de Serge Kampf, les principaux managers du groupe. « *Il faut demander aux Allemands de sortir* » déclarent, à l'unanimité, tous les participants. La position officielle est arrêtée dans les jours suivants, au cours de plusieurs séances de travail menées dans le plus grand secret. A la fin du mois, les dirigeants de Daimler-Benz sont dûment avertis par des intermédiaires financiers dûment mandatés, que « *le management partira si les Allemands prennent le contrôle du groupe* ». Le raidissement des Français contribue à précipiter l'épilogue.

Dans l'après-midi du 25 juin 1997, quelques heures après la publication de l'article de *La Tribune*, les dirigeants de la firme allemande annoncent dans un bref communiqué qu'ils se retirent de Cap Gemini : les 24,5 % qu'ils détiennent dans le groupe français seront cédés à des investisseurs institutionnels. A Stuttgart, on n'a pas tardé à peser les avantages et les inconvénients de la situation : la crise ouverte avec le management de Cap Gemini, la perspective d'une fuite massive des cerveaux en cas de passage en force, l'impossibilité de faire sauter le verrou juridique que représente le Bank Holding Company Act, le travail de recentrage entrepris depuis deux ans mais aussi le coût très élevé – de l'ordre de 15 milliards de francs – que nécessiterait l'acquisition de Cap Gemini, tout convainc Jürgen Schrempp et son équipe de jeter l'éponge et de mettre un terme à une aventure qui n'a que trop duré. « *Sortie pas vraiment glorieuse* » reconnaît publiquement Klaus Mangold même si, des deux côtés, on préfère mettre en avant les « *bonnes relations qui, pendant six années, ont présidé à cette collaboration* ».

Rue de Tilsitt, dans les agences et les filiales, le soulagement est immense. Souhaitée par tous, la sortie de Daimler-Benz est fêtée comme il se doit et contribue à remobiliser les troupes. C'est alors que survient le premier coup de théâtre. Dans les heures qui suivent, Klaus Mangold vient à Paris faire connaître à Serge Kampf le scénario choisi pour sortir de Cap Gemini : l'opération se fera par émissions d'obligations remboursables, dans un délai de quatre ans, en actions Cap Gemini. En clair, le groupe allemand se réserve la possibilité de rester actionnaire du groupe français pendant quatre années supplémentaires tout en obtenant immédiatement beaucoup d'argent. Rue de Tilsitt, c'est la stupéfaction ! Non seulement l'incertitude que l'on croyait levée est plus grande que jamais, mais en outre, le produit attendu du placement des obligations donne à Debis les moyens d'acheter des concurrents de Cap Gemini tout en demeurant l'un de ses principaux actionnaires ! Situation intolérable pour Serge Kampf et son équipe qui, dans un climat très tendu, multiplient les contacts avec leurs avocats autant qu'avec leurs homologues d'outre-Rhin. C'est alors que se produit, le 9 juillet, un deuxième coup de théâtre, aussi inattendu que le précédent ! Pour « délivrer » Cap Gemini de cette grave hypothèque, la CGIP annonce en effet ce jour-là qu'elle a décidé d'exercer le droit de préemption qu'elle avait sur les actions de Cap Gemini détenues par Daimler-Benz ! L'opération se déroule le jour même en deux temps :

afin d'éviter de passer au-dessus du seuil de 33 % qui l'obligerait à lancer une OPA, la CGIP cède d'abord 14 % pris sur sa propre participation. La demande est telle que la vente est bouclée en moins d'une heure ! Dans un second temps, la CGIP achète les 24 % détenus par Daimler-Benz, qui, du coup, doit annuler son opération et payer une pénalité aux acquéreurs des obligations émises. Un véritable camouflet pour Klaus Mangold qui est littéralement éjecté du groupe français ! Jamais sans doute Serge Kampf ne s'est autant félicité d'avoir fait entrer la CGIP dans son capital, un jour d'octobre 1982...

Le 9 juillet au soir, la situation est totalement clarifiée : avec 30 % du capital, la CGIP est désormais l'actionnaire de référence de Cap Gemini Sogeti. Deux jours plus tard, dans une interview au *Figaro*, Ernest-Antoine Seillière revient sur les événements des derniers jours et lève un coin de voile sur ses intentions. « *Nous sommes l'actionnaire idéal*, explique l'homme d'affaires au quotidien. *Notre renforcement dans Cap Gemini indique notre volonté d'accompagner le groupe dans une nouvelle phase de croissance à horizon de trois ans. Maintenant, le management et l'actionnaire principal peuvent travailler ensemble. Avec le départ de Daimler-Benz, Cap Gemini recouvre son entière liberté. Beau travail en perspective pour notre groupe !* » Par un curieux retournement de l'histoire, la rupture des noces franco-allemandes, célébrées en grande pompe en juillet 1991 dans les salons du Ritz, redonne à la volonté d'indépendance de Cap Gemini toute son actualité. En ce milieu d'été 1997, c'est un groupe qui a retrouvé toute sa confiance et sa puissance de mobilisation qui s'apprête à se remettre au travail.

L'histoire continue...

Quatorze milliards de francs de chiffre d'affaires en 1996, 20 milliards en 1997, 25 milliards l'année suivante, près de 30 milliards attendus cette année ! « *Comme s'il bouillait sous son couvercle* » pour reprendre l'heureuse formule de Serge Kampf, Cap Gemini s'envole littéralement à partir de 1997. Le groupe, il faut dire, bénéficie d'une conjonction favorable : après le gros coup de déprime des années 1991-1993, qui avait peu ou prou frappé tous les acteurs, le marché du service informatique repart à nouveau à la hausse. Le passage à l'euro, le « bug » de l'An 2000, la révolution Internet, mais aussi la reprise économique qui « booste » les investissements informatiques et l'engouement dont bénéficie l'infogérance, tout contribue à la bonne santé du secteur. « *Services informatiques : l'envolée* » titre *Les Echos* dans une enquête de mai 1998, soulignant au passage la « Bérézina » qui règne inversement dans le monde des matériels. En cette fin de siècle assurément, les SSII ont le vent en poupe. Les plus grosses d'entre elles, surtout, auxquelles le marché donne une véritable prime au développement. « *Les services informatiques ne sont plus désormais un métier de second rang*, résume Paul Hermelin, membre du directoire et patron de la zone France/Europe du Sud. *C'est un marché très mature, un marché de premier rang qui exige des investissements énormes et où seuls les gros peuvent durablement s'imposer.* » Du pain béni pour Cap Gemini Sogeti...

Et il est vrai que tout bouge dans les marchés qui sont celui du groupe. L'interaction croissante des entreprises publiques et privées avec leurs clients et fournisseurs, le mouvement de déréglementation et de privatisation qui déferle sur les Etats-Unis et l'Europe, le nombre de fusions entre groupes sans parler de l'explosion des nouvelles technologies de l'information, ont largement modifié la donne. Dans les entreprises et les organisations, confrontées à un environnement très volatil et que bouleverse chaque jour davantage la disparition des frontières géographiques, culturelles ou sectorielles, il n'est question que de « changement ». Un impératif qui donne à la démarche proposée par Cap Gemini toute son actualité. La capacité à accompagner les

« facteurs de changement » ne constitue-t-elle pas l'un des axes centraux de l'offre du groupe depuis Genesis ? La convergence des métiers de conseil en management et du service informatique, mais aussi l'approche sectorielle y concourent qui offrent aux clients du groupe des solutions complètes. L'une et l'autre sont renforcées par la création, en 1998, de quatre Centres d'Excellence – automobile, finance, transport et grande distribution – qui proposent des spécialistes du conseil et du service informatique pour la réalisation de projets complexes, puis par la création, dans le courant de l'été 1998, d'une nouvelle Global Market Unit dans le domaine des « utilities » (eau, environnement, énergie). Développer fortement ses relations avec ses clients, augmenter la valeur ajoutée de ses offres, améliorer sa capacité à fournir des services de haute qualité, autant d'objectifs prioritaires pour le groupe qui place ses clients, l'analyse de leurs besoins et la réponse à leurs problèmes au cœur de sa démarche.

L'heure est également au renforcement des positions, aux alliances et aux partenariats mais aussi aux acquisitions. La sortie de Daimler-Benz a levé l'hypothèque qui pesait sur le développement international du groupe, notamment en Allemagne et aux Etats-Unis. Sur ces deux marchés, le groupe entend rattraper son retard au plus vite. Outre-Atlantique, où se trouve concentré 40 % du marché, il le fait en rachetant la société Beetchwood, spécialiste des télécommunications, mais aussi en nouant des partenariats avec des spécialistes du conseil dans le domaine des *utilities*.

Et puis il y a les nouveaux projets. « *Nous sommes à la recherches de nouvelles frontières* » indique-t-on rue de Tilsitt où la formule fait florès. A l'heure où la puissance des microprocesseurs ne cesse d'augmenter et où l'explosion d'Internet fait naître de nouveaux défis, le groupe trouve dans les nouvelles technologies de l'information de nouveaux marchés et de nouvelles opportunités pour accompagner le processus de changement de ses clients. « *Internet sera le grand défi des an-*

nées à venir », explique Geoff Unwin qui s'attend à de belles batailles avec une foule de concurrents, anciens ou nouveaux. Gageons que le groupe saura négocier ce virage comme il sut, jadis, s'adapter à l'essor du software puis de la micro-informatique.

Dans ce contexte instable, en perpétuelle mutation mais éminemment favorable, la croissance est au rendez-vous. Tiré par la forte progression de l'infogérance et de l'intégration de systèmes mais aussi par la signature d'importants contrats, notamment en Grande-Bretagne, Cap Gemini enregistre ainsi, en 1998, une hausse de son chiffre d'affaires de près de 29 %. « *Il s'agit du taux de croissance organique le plus élevé depuis l'entrée en Bourse en 1985* » souligne-t-on au siège. L'heure est aux records en tous genres : plus de 6 000 embauches, un endettement nul, une trésorerie de 4 milliards de francs, une capitalisation de 60 milliards de francs, un parcours boursier dont la progression est bien supérieure à la performance du Cac 40, les difficultés du début de la décennie sont assurément bien loin !

L'avenir ? On semble le voir en rose rue de Tilsitt mais aussi dans les agences et les unités sur le terrain. « *Les perspectives restent excellentes*, souligne Paul Hermelin. *L'année 1999 sera sans doute difficile mais au-delà du 1ᵉʳ janvier 2000, nous allons être bien occupés.* » Même sérénité à l'évocation de la structure du capital. Certes, Ernest-Antoine Seillière a bien, dans le courant de l'été 1999, entrepris un mouvement d'échange de titres Cap Gemini-CGIP afin de réduire le poids de la SSII dans son portefeuille : le groupe de Serge Kampf représentait à lui seul, avant cette opération, 45 % des actifs de la CGIP ! L'heure n'en est pas moins à la stabilité. Avec une capitalisation représentant plus de deux ans de chiffre d'affaires, le groupe semble à l'abri d'une OPA inamicale. « *Qui serait prêt*, poursuit Paul Hermelin, *à payer 70 ou 80 milliards de francs au risque de voir filer tous les cerveaux de l'entreprise ?*

Une participation ? Pour avoir simplement 20 % du capital, c'est-à-dire n'être qu'un simple " sleeping partner ", il faudrait tout de même sortir 15 milliards de francs. Totalement impensable ! »

Et Serge Kampf ? Un peu plus de trente ans après la création de Sogeti, il ne cache pas son plaisir à diriger ce groupe. « *Ils sont nombreux ceux qui, plus ou moins retirés des affaires, me vantent le plaisir de n'avoir plus d'obligations et me pressent de les imiter*, écrit-il dans la lettre introductive au Rapport Annuel de l'année 1998. *Et il faut bien avouer que, lorsque l'on s'expose à faire chaque semaine beaucoup plus que les 35 heures préconisées par certains législateurs, la tentation vient parfois de passer la main et s'en aller " butiner d'autres fleurs, créer d'autres royaumes ". Deux choses vous retiennent de le faire : la première est de se croire indispensable, alors même qu'on s'émerveille de trouver chez les autres des qualités qu'on n'a plus ou qu'on n'a jamais eues soi-même ; la deuxième est le plaisir que l'on continue à prendre à diriger et former des hommes, anticiper les évolutions du marché, conduire une stratégie, faire respecter des valeurs, empêcher la répétition des sottises, apaiser les querelles, accélérer et freiner quand il le faut. A l'aise derrière le volant, on sait qu'on ne le serait pas sur le siège du passager. Et que vue des tribunes, la conduite n'est plus qu'une trajectoire… A mes amis pré retraités, je souhaite donc de continuer à couler des jours aussi vivifiants que les miens.* »

A l'heure d'entrer de plain-pied dans le nouveau millénaire, le « Sylvain Floirat » du software n'a peut-être pas dit son dernier mot…

Remerciements

L'auteur tient à remercier tous ceux qui lui ont apporté leur témoignage et notamment messieurs Jean-René Fourtou, Serge Kampf, Geoff Unwin, Paul Hermelin, Daniel Setbon, Jacques Arnould et Bertrand Asscher.

Achevé d'imprimer en décembre 1999
par Mame Imprimeurs à Tours
Flashage numérique CTP

Dépôt légal : décembre 1999 – N° d'impression : 99 11 04 01